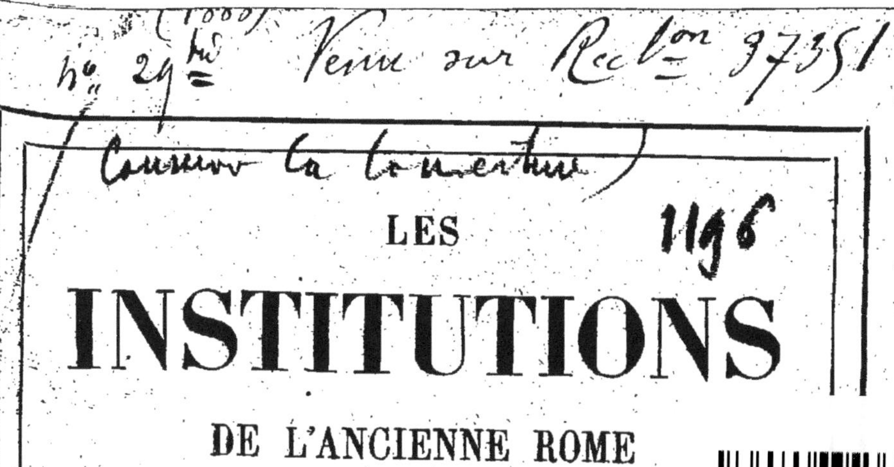

LES

INSTITUTIONS

DE L'ANCIENNE ROME

PAR

F. ROBIOU
Correspondant de l'Institut,
Professeur de littérature et institutions grecques à la Faculté des lettres de Rennes.

D. DELAUNAY
Professeur
de littérature et institutions romaines à la Faculté des lettres de Rennes.

II

ARCHITECTURE, DROIT DE CITÉ, DROIT LATIN, PROVINCES

PARIS
LIBRAIRIE ACADÉMIQUE DIDIER
ÉMILE PERRIN, LIBRAIRE-ÉDITEUR
35, QUAI DES GRANDS-AUGUSTINS, 35

LES

INSTITUTIONS

DE L'ANCIENNE ROME

LES

INSTITUTIONS

DE L'ANCIENNE ROME

PAR

F. ROBIOU

Correspondant de l'Institut

Professeur de littérature et institutions grecques à la Faculté des lettres de Rennes

ET

D. DELAUNAY

Professeur de littérature et institutions romaines à la Faculté des lettres de Rennes

II

ARCHITECTURE, DROIT DE CITÉ, DROIT LATIN, PROVINCES

PARIS

LIBRAIRIE ACADÉMIQUE DIDIER

ÉMILE PERRIN, LIBRAIRE-ÉDITEUR

35, QUAI DES GRANDS-AUGUSTINS, 35

1884

LES

INSTITUTIONS DE L'ANCIENNE ROME

4e PARTIE

ARCHITECTURE

CHAPITRE Ier

LES ORIGINES

§ 1er — Architecture pélasgique

Bien qu'en général les monuments de l'art romain subsistant aujourd'hui ne remontent pas plus haut que la période des Césars, nous pouvons, en utilisant des substructions et des fragments, et même à l'aide de quelques constructions d'époques fort anciennes et de documents divers, nous faire une idée assez exacte des premières origines de cet art. Ces origines, comme celles de la première civilisation romaine dans son ensemble, sont en partie latines et sabines et en partie étrusques. Or, selon les récits résumés par Denys d'Halicarnasse (1), l'Italie centrale

(1) *Antiqu. rom.*, I. 11-14, 17-22, 26-8, 31-2.

avait reçu, bien avant le siècle auquel on rapporte communément la fondation de Rome, des émigrations de Pélasges. On ne sera donc pas surpris de voir tracer, en tête de cette étude, un exposé rapide de la diffusion de l'art pélasgique dans la péninsule, diffusion qui confirme l'opinion de Denys sur la réalité de cette colonisation et qui serait intéressante à ce seul titre, mais qui rentre doublement dans l'objet des présentes recherches : d'abord à cause de l'influence qu'a pu avoir cet art sur les premiers monuments de Rome elle-même, puis parce que l'Italie centrale fut, dès les premiers siècles de la république ; absorbée dans la domination romaine ; or le procédé de l'architecture pélasgique y fut peut-être pratiqué plus longtemps qu'on ne serait disposé à le croire et sous cette domination même ; il ne semble pas qu'il y ait, en certains pays du moins, aucun intermédiaire entre lui et l'art romain proprement dit.

Ces murs *à blocs irréguliers*, appelés cyclopéens ou pélasgiques et dont j'ai parlé dans la Ve partie de mes INSTITUTIONS DE LA GRÈCE ANTIQUE (1), étaient, ou plutôt sont encore répandus dans l'Italie centrale, entre les sommets de l'Apennin et la mer Tyrrhénienne. Dès les dernières années du XVIIIe siècle, M. Petit-Radel avait observé ce caractère dans la partie la

(1) P. 234-8.

plus ancienne des fortifications du mont Circé. La principale façade forme un mur de 45 m. de longueur sur 12 de haut, présentant trois assises en retrait et de construction pélasgique, particularité qui se retrouve dans les soubassements de divers temples antiques du voisinage (1). En 1801, cet archéologue signalait, dans un mémoire lu à l'Institut, la multiplicité des monuments de cette espèce, et, en 1802, il énonçait le fait qu'ils se trouvent surtout, en ce qui concerne l'Italie, sur les sommets de l'Apennin compris entre le bassin du Liris et celui du Tibre (2). Bientôt, sur l'appel de l'académie italienne des Lincei, de nombreux témoignages, rendus dans le même sens, étaient adressés à Rome, des anciennes demeures des Eques, des Herniques, des Volsques (nouveau Latium) et des Sabins (3).

L'impulsion était donc donnée : en 1805, M. Edouard Dodwell, après ses voyages en Grèce et en Italie, se prononçait en faveur de l'assertion de M. Petit-Radel (4), et, en 1809, la mission de M. Simelli, envoyé pour rechercher et

(1) *Recherches* (posthumes, 1841) *sur les monuments cyclopéens*, 1re partie, p. 20-21, I-V : les chiffres romains de cet ouvrage indiquent les renvois aux modèles en relief, déposés à la bibliothèque Mazarine.

(2) Nous allons voir que l'auteur a trop restreint au N-O le témoignage de l'histoire et celui des monuments.

(3) *Ibid.* p. 26-35.

(4) *Ibid.* p. 71 (2e partie).

dessiner géométriquement les monuments de la Sabine, paraissait constater que les limites de l'appareil pélasgique étaient celles que Denys d'Halicarnasse assigne à l'émigration des Pélasges; en 30 jours, M. Simelli avait dessiné, dans cette région, 52 monuments de cette espèce (1). En 1810, l'atlas de Micali (*l'Italia avanti il dominio de' Romani*) en reproduisait d'autres de même nature, existant dans l'Etrurie occidentale et septentrionale (2); et, l'année suivante, un antiquaire, l'abbé Capmartin, annonçait la découverte de Cures, la ville de Tatius, avec des constructions pélasgiques (3). Le même caractère était signalé, en 1824, dans des substructions du mur de Cortone, par un Allemand, M. Hœnel (4), et, en 1826, dans des monuments sépulcraux de l'Italie moyenne, par Francesco Orioli (5).

Ainsi les observations s'accumulaient à ce sujet quand fut fondé à Rome, en 1829, l'*Institut de Correspondance archéologique*, devenu immédiatement « le centre des recherches qui se font en Italie relativement à la théorie pélasgique » (6).

(1) *Ibid.* p. 36 (1re partie) et p. 82 (2e partie).
(3) *Ibid.* p. 83.
(2) *Ibid.* p. 87.
(4) *Ibid.* p. 107.
(5) *Ibid.* p. 111.
(6) *Ibid.* p. 113.

Dès la première année, l'illustre archéologue Edouard Gerhard se prononçait nettement, dans les *Annali* de cette Société, en faveur de la même doctrine que M. Petit-Radel (1), au sujet des restes de Norba, dans le Latium, sur la frontière des Volsques, et de Signia, assez loin au nord du promontoire de Circé (2). « Norba, dit-il, n'est pas seulement remarquable par ses murs grandioses et bien conservés, mais par les ruines de nombreux édifices de même appareil (di egual costruzione). » — « Un mode singulier de construction employé dans certaines villes, spécialement pour leurs fortifications avancées, est celui qui réunit d'*énormes blocs superposés, de forme irrégulière*, en *remplissant les interstices* avec de *petites pierres;* c'est celui que mentionne Pausanias, en parlant des constructions qu'une tradition fabuleuse attribue aux cyclopes. » Tel est bien l'appareil que j'ai indiqué à la page 235 de mes Institutions de la Grèce antique; seulement M. Gerhard fait observer qu'il n'est pas, nécessairement et partout, la preuve d'une haute antiquité, attendu que, à Norba et aussi dans une porte de Ferentinum, il se trouve mêlé à des travaux de genres différents et plus ou moins perfection-

(1) *Monumenti di costruzione detta ciclopea.* Tav. I, Porte di Norba; Tav. II, Norba; Tav. III, Porta di Signia.

(2) Ces indications géographiques sont données dans l'article même.

nés (1). Il pense même que ces œuvres mêlées pourraient bien ne dater que des derniers siècles de la république romaine : l'extrême solidité du mode de construction pélasgique a pu inspirer le désir de l'imiter, bien longtemps après la période où il était dominant ; et c'est là, comme je le disais un peu plus haut, un motif de plus pour y insister dans une étude sur l'histoire de l'architecture romaine, puisqu'il appartient encore, dans ce cas, au temps même où les auteurs de ces travaux faisaient partie des nations de droit italique ; mais, d'autre part, ce mode d'architecture était antique dans le pays et avait pu servir à former les premiers architectes romains. Cependant le savant auteur ajoute que les monuments pélasgiques ne se rencontrent jamais à Rome ni tout près de Rome, et que les constructions de cette espèce trouvées (nous l'avons vu, et il le répète), dans certains lieux de l'Etrurie, sont bien distinctes des œuvres mêmes du peuple étrusque. Ce ne sont donc pas les modèles *immédiats* de l'*art* romain, même dans les premiers siècles, que nous rencontrons ici ; ces modèles étaient plutôt des œuvres massives, bien connues dans le Latium et dominant dans la Sabine, auxquelles, nous le verrons bientôt, on peut reconnaître, avec les

(1) M. Petit-Radel (*Recherches*, 3e partie, § XXIV), reconnaît à Norba une *restauration* romaine du Ve SIÈCLE : elle est bien visible dans le relief.

constructions romaines du temps des rois, à peu près le même rapport qui existe entre les blocs irréguliers à interstices remplis de l'ancienne Grèce et l'appareil de la Porte des Lions à Mycènes. M. Gerhard affirme d'ailleurs, dans le même article, la diffusion de l'appareil pélasgique dans un bon nombre de localités de l'Italie centrale (1), outre celles qu'il a nommées déjà.

La troisième partie des *Recherches* de M. Petit-Radel, annoncées mais non publiées en 1829, contient la description des principaux monuments auxquels il reconnaissait le caractère pélasgique et dont les modèles sont déposés à la Mazarine : je dis les principaux, car ces figures ne montent en tout qu'au nombre de 80 (dont 41 pour l'Italie), et, dès 1829, dans la première de ses deux lettres à M. Panofka, publiées par les *Annali*, l'auteur porte à 357 celui des monuments pélasgiques alors connus. Il est d'ailleurs entendu que je me bornerai ici à quelques indications suffisantes pour établir la géographie italique et les principales nuances italiques de cet appareil (2).

(1) La ville latine d'Angitiæ (près du lac Fucin), Bovianum, Calatia, Aufidène, Isernia (dans le Samnium), Ferentinum, Alatria, Arpinum, Atinum, Préneste, Cora.

(2) Lorsque j'ai étudié les travaux de Petit-Radel, j'ai eu soin d'éclaircir par l'étude de ces modèles les indications du texte.

Observons, avant tout, que la forme *intermédiaire* entre les blocs à interstices comblés et les assises horizontales quoique grossières, c'est-à-dire l'appareil à blocs irréguliers, mais parfaitement adaptés entre eux (appareil polygonal proprement dit), se trouve aussi dans la région qui nous occupe. On voit cet appareil dans la porte de l'hiéron de Circé (II) (1), à Ferentinum (XVII), dans la porte de l'hiéron de Signia (XVIII-XIX), à Ardée (imparfaitement) (XXV), à Bovianum (XXVI), dans l'hiéron de Tiora (XXVIII), à Suna (XXIX), à Vesbola (XXXI), près du lac Fucin (XXXII), à Cortona (XXXVII), à Rusella (XXXIX), à Saturnia (XLI). Une transition manifeste à l'appareil horizontal doit être signalée à Fundi (VIII), à Alatrium (XIII), au lac Fucin (XXXII), et aussi à Cortona (XXXVII). Il y a donc eu, en Italie comme en Grèce, progrès dans l'architecture pélasgique, et la dernière phase se rapproche beaucoup, comme nous le verrons tout à l'heure, de l'architecture des Étrusques.

Il existe d'ailleurs des dessins de plusieurs de ces monuments, à la portée d'un plus grand nombre de lecteurs que les reliefs de la Mazarine : on les trouve dans l'édition illustrée de *l'Historie des Romains* de M. Duruy. On y reconnaîtra aisé-

(1) Les chiffres romains sont ceux des articles de la 3e partie de Petit-Radel, formant renvoi aux modèles.

ment (p. 42) l'appareil pélasgique du mur de Circé, avec la particularité exceptionnelle d'une sorte de bordure entourant la coupe des blocs. On reconnaitra le même appareil à Alatrium (p. LXXXV de l'introduction), avec tendance confuse vers le système des assises horizontales, tendance plus marquée dans la ville des Aurunces (LXXXIX), tandis que l'art purement cyclopéen se retrouve à Norba (p. XLV), comme à Bovianum chez les Samnites et à Signia dans le Latium (p. XXXIX n°s 1 et 6.) Ce dernier mur contient une porte formée de blocs convergents, mais taillés de manière à ce que la coupe en forme des lignes droites continues et non une série d'assises en saillie l'une sur l'autre (encorbellement) ; à Arpinum, une ogive est produite par la coupe concave des deux côtés de la porte, se terminant en arc aigu, tandis que, à Signia, l'ouverture était fermée en haut par un bloc horizontal. Ces deux éléments divers et surtout celui d'Arpinum peuvent être considérés comme présageant la voûte, dont nous allons voir la formation dans l'art des Etrusques.

Il existait donc une architecture latino-sabine, et l'on peut aisément admettre qu'il y a eu, dans une certaine mesure, au temps des rois de Rome, une fusion entre l'influence latine et l'influence étrusque, pour déterminer le caractère de l'art romain : cette conclusion est d'ailleurs en accord avec l'histoire générale de la civilisation romaine. N'oublions pas aussi que, s'il faut excepter de la géographie des monuments pélasgiques le voisinage *immédiat* de Rome (si ce n'est chez les Étrusques, v. *infra*), bien des villes comprises dans la liste de M. Gerhard et dans celle de M. Petit-Radel étaient situées dans le Latium (1); or celles-là furent, de très-bonne heure, plus ou moins englobées dans l'état romain.

§ 2. — Architecture étrusque.

Nous venons de voir que quelques villes occupées par les Etrusques ont conservé des murs de construction pélasgique. Gerhard signale comme telles Volterrae, Fesulæ et Cortona, toutes trois dans le N. et le N. E. de l'Etrurie et par conséquent bien loin de l'ancienne frontière romaine ; c'est d'ailleurs aux constructions pélasgiques les plus régulières, celles de Mycènes et de Tirynthe qu'il assimile celles-là. Cependant la reproduction par le dessin du mur de Cortona et même celle

(1) Pour nous en tenir au Latium proprement dit, sans compter les pays, si longtemps hostiles à Rome, des Volsques, des Herniques et des Eques (Feronia, le Mont Circé, Arpinum, Atina, Sora, Alatrium, Ferentinum, Préneste), nous trouvons l'architecture pélasgique à Signia, Cora, Norba, Suna, Vesbola (voy. Petit-Radel (§§ I, III, IV, VI, XX, XXIII, XXIV, XXV, XXIX, XXXI.) Fundi était chez les Aurences, au delà du pays des Volsques (v. Kiepert, *Atlas antiquus.*) Pour la Sabine, voyez un article de Petit-Radel, dans les *Annali* de 1832.

des murs de Rusellae et de Saturnia, dans l'Etrurie centrale, y constatent un caractère cyclopéen bien marqué, et Gerhard lui-même fait remarquer que Saturnia était au nombre des villes de l'ouest où Denys d'Halicarnasse place une colonisation de Pélasges.

Mais ce n'étaient là encore que des préludes à l'étude des monuments étrusques ; on trouvera des détails bien plus nombreux et bien plus précis dans l'ouvrage de M. Dennis (*The Cities and cemeteries of Etruria*, 1878), où sont réunis les résultats des fouilles qui se sont multipliées dans ce pays depuis un demi siècle ; cet ouvrage et les dessins qui l'accompagnent vont nous mettre en mesure de reconnaître le progrès de l'art étrusque à l'époque même où il influa largement sur celui des Romains.

Si d'abord nous jetons un coup d'œil rapide sur la région septentrionale, que les Romains connaissaient peu sans doute lorsqu'ils étaient gouvernés par des rois, mais qui put avoir sa part dans la fondation de l'art étrusque en général, nous reconnaîtrons, à Fesulæ (1), un appareil assez irrégulier, plus qu'à Cortona, où les assises sont horizontales, bien que la coupe des pierres varie (2), tandis que Fesulæ n'a encore qu'une *tendance* à l'appareil horizontal et

(1) *The Cities*, etc. T. II, p. 116-18.
(2) Dennis. *Cities* etc. T. II, p. 397-8.

rectangulaire et conserve un système véritablement pélasgique (1). Dennis le signale comme très différent de celui qui a prévalu dans l'Etrurie méridionale, et il le définit avec précision quand il ajoute que les *blocs* sont d'une épaisseur et d'une largeur très variées, « à joints souvent obliques, et parfois même en forme de coin, bien que les *assises* soient *généralement* (mais non toujours) horizontales ; » seulement il ajoute que l'imperfection de leur agencement paraît tenir plutôt à la nature des matériaux diversement éclatés dans la carrière qu'à un dessin de l'archictecte. De petites pierres remplissent exactement les vides laissés par les angles brisés; il n'y a point de ciment, et ces masses ne se tiennent que par leur poids. Tous ces détails confirment l'impression première produite par le dessin d'un fragment : celle d'une architecture pélasgique bien manifeste, mais formant le prélude, manifeste aussi, des murs à éléments rectangulaires. Cette tendance est plus visible encore, ou plutôt elle est presque réalisée, à Volterrae (2), un peu plus au sud, et par conséquent un peu plus près de Rome que Fesulæ, tandis que, plus au sud encore, à Populonia et à Rusellae : l'appareil est vraiment pélasgique (3). Sans doute,

(1) *Ibid.* p. 116 ; Duruy, I, p. 483,

(2) Dennis *Cities* etc., II, p. 136, cf. 146.

(3) *Ibid.* p. 218, 222 ; c'est à peine si la ligne horizontale est vaguement indiquée.

à Volterrae, le mur *d'enceinte* présente des blocs fort peu réguliers, quoique rangés en assises à peu près horizontales, mais, si l'on examine les dessins de la porte de l'Arc, reproduits par Dennis (1) et Duruy (2), on reconnaîtra que le mur du passage joignant la porte extérieure à la porte intérieure est formé d'assises horizontales, bien que les joints n'en soient pas tous verticaux, et que les deux arcs, l'un en *plein cintre,* l'autre en *ogive*, sont formés de voussoirs en trapèzes bien réguliers. Sûrement ces murs ne sont pas antérieurs aux portes qu'ils relient entre elles (3) ; mais, si les *ouvertures* des portes sont contemporaines de l'enceinte, les *arcs* ne paraissent pas l'être, puisque leurs voussoirs sont formés d'une roche différente. Elles ne sont pas même contemporaines entre elles, selon toute apparence, le plein cintre rappelant l'époque romaine, tandis que l'ogive ne la rappelle nullement. Ces arcs ont donc été sans doute substitués après coup à des linteaux posés à plat ; et il résulte de cette substitution, comparée à l'appareil du passage, que le système *horizontal* de celui-ci, bien plus régulier que celui de l'enceinte même, dans le voisinage immédiate de la porte,

(1) *Ibid.* p. 141.

(2) *Ubï snpra.* p. LXXIII.

(3) Au témoignage de Dennis, le passage n'a pas moins d'une trentaine de pieds de longueur.

était, en Etrurie, *antérieur* même à l'*intention* de la voûte (1). Comme l'introduction de celle-ci à Rome sera un des faits les importants que nous ayons à étudier dans le prochain paragraphe, ces détails étaient utiles à noter.

Nous venons de le voir : en marchant de Fesulæ vers le sud, on trouve tout autre chose que l'abandon du système pélasgique ; il en est de même, si l'on se rapproche encore davantage de Rome. A Orbitello, le système est décidément polygonal (2). Tout près de cette ville, à Cosa (3), on remarque une différence notable entre les assises inférieures, tout à fait irrégulières, et les assises supérieures, reconstruites sans doute après une ruine partielle ; la transition à l'appareil rectangulaire y est d'ailleurs parfaitement visible.

Si maintenant nous arrivons à des cités tout à fait voisines de la frontière romaine, nous remarquerons, à Véies, de murs formés d'assises horizontales, mais composées elles-mêmes de blocs d'inégale grosseur, et même, au moins quant à la partie inférieure, de blocs d'inégale hauteur, n'ayant de régulier que la direction verticale et horizontale des joints (4) : nulle part n'est plus sensible l'existence d'un appareil imparfait, mais

(1) Voy. Dennis II, p. 141-5.
(2) *Ibid.* p. 240.
(3) *Ibid.* p. 245, 248-9.
(4) Duruy, I, XXXIX, 5.

formant un point de départ pour celui des temps classiques.

Près de la même ville, dans la grotte Campana, (ainsi nommée de celui qui l'a découverte ou explorée) on trouve une *voûte* très surbaissée, *creusée* dans une colline, sans apparence de pierres ou de briques (1) et où, par conséquent, les difficultés matérielles n'existant pas, l'inspiration de l'architecte a eu libre cours.

Les murs intérieurs, non cimentés, sont de construction irrégulière. Or cette grotte est unanimement reconnue pour un des monuments funéraires les plus anciens de toute l'Etrurie (2). On avait donc dès lors l'*idée* d'un monument à couverture en arc de cercle, mais *on ne savait pas* l'exécuter en maçonnerie. En effet, la porte est formée de blocs convergents vers le sommet, comme les portes cyclopéennes de la Grèce, bien qu'on y trouve *quelques* pierres en forme de coins, qui semblent présager des voussoirs, et un bloc simulant quelque peu la clef de voûte : le *principe* essentiel de la voûte elle-même, les pierres taillées et posées de façon à se soutenir réciproquement en formant une courbe régulière, est encore étranger à l'auteur de ce monument (3).

(1) Dennis, 1, 31.
(2) *Ibid*, p, 38.
(3) *Ibid*. ibid

A Falerii (1), les pierres de la citadelle sont encore inégales, mais on en remarque les joints parfaitement verticaux et les assises presque parfaitement horizontales, avec une porte à voûte régulière, surmontant un petit arc surbaissé, qui paraît formé d'un seul bloc. M. Dennis incline à croire que cette voûte appartient, non à l'ancien art des Etrusques, mais au temps de la domination romaine, établie dans ce pays au IVe siècle de Rome; mais cette observation, comme nous le verrons bientôt et comme M. Dennis le dit lui-même, ne signifie pas que l'origine première de cet art n'appartienne point à l'Etrurie.

Près de Cervetri (Cæré), une grotte funéraire, découverte en 1836, offre un autre exemple de ces germes divers de l'art romain que nous voyons se produire sur le sol de l'Etrurie. « Le caractère propre de sa construction se remarque au premier coup d'œil, dit M. Dennis (2). C'est un grossier effort pour former une arche par la convergence d'assises horizontales, taillées de manière à présenter une surface unie, avec une légère courbure qui la fait ressembler à l'arche gothique. Cependant elle ne se termine pas en pointe, mais par une ouverture rectangulaire, recouverte d'un grand bloc. » Le même caractère se retrouve à l'intérieur de la grotte, dans l'ou-

(1) *Ibid.* p. 101; Duruy, 1, 237.
(2) *Ibid*, p. 265 : je traduis littéralement.

verture qui fait communiquer les deux chambres dont elle se compose. « La ressemblance de cette structure avec celle de la galerie cyclopéenne de Tirynthe (1) est frappante, reprend l'auteur. Ce mur, il est vrai, est beaucoup moins massif; mais le style est identique ; il constate un effort grossier pour arriver à l'arche, dont le vrai principe restait encore à découvrir.... La *Cloaca Maxima*, qui est l'exemple le plus ancien de *l'arc parfait* en Italie, date de l'époque des Tarquins, ; ainsi la grotte de Cervetri date au moins des premiers siècles de Rome. » On y a d'ailleurs trouvé des objets de caractère très-archaïque.

A Vulci, les murs sont d'époques diverses, mais, dans certaines parties, ils ressemblent à ceux de Falerii, Sutrium et Nepe (2). Enfin, à Tarquinii même, berceau de la dynastie étrusque qui régna sur les Romains, les murailles de la ville sont en pierres rectangulaires à joints verticaux, et l'on

(1) Sans doute les galeries ménagées dans le mur d'enceinte dont parle M. Schliemann (*Mycènes*, p. 52-3 de la traduction française), galeries dont une, de 27 mètres, a six portes ou fenêtres à la partie extérieure, et qu'il décrit ainsi : « Les voûtes de ces baies sont ogivales comme celles de la galerie elle-même et construites par le même procédé, chaque assise de pierres s'avançant en encorbellement au dessus de l'assise inférieure. »

(2) Dennis I. p. 443 : Nepe aujourd'hui Nepi est tout près et au S. O. de Falerii, Sutrium ; (Sutri), un peu à l'O. de Nepi. Vulci est au N. N. O. de Tarquinii, dont la latitude est celle de Falerii.

y trouve une porte terminée par un arc régulier à voussoirs *cunéiformes,* comme les appelle Dennis, c'est-à-dire en forme de coins (1). Là comme à Cæré, comme à Véies, l'appareil est tout étrusque (2). Notons d'ailleurs, avec l'auteur anglais, que, le périmètre de la ville ancienne ou de l'acropole étant déterminé par la nature, c'est-à-dire par la forme du plateau, le tracé de l'enceinte n'a point été changé, et les *substructions sont demeurées* ce qu'elles étaient depuis les temps les plus anciens; elle ont *pu* seulement être *couronnées* de *murs* restaurés ou reconstruits (3), bien que, dans l'intérieur de l'enceinte, les débris soient d'époque romaine (4).

Mais, si les anciennes assises de Tarquinii sont déjà à joints verticaux, il faut y noter une particularité bien intéressante, en ce qu'elle nous fait saisir d'une façon toute spéciale la transition du système primitif à celui que nous ont légué les Romains, transition qui est l'objet principal de la présente étude. Ici, comme dans les murailles d'appareil polygonal, les blocs sont étendus dans le sens de l'épaisseur du mur, le bout en dehors, et placés à l'aventure les uns sur les autres, de

(1) I. p. 417 : sur les flancs de la colline, on reconnait un arc à demi enseveli (Ibid. p. 416).

(2) *Ibid.* ibid.

(3) *Ibid.* p. 426.

(4) *Ibid.* p. 427.

sorte que les joints, s'ils sont parallèles et verticaux, ne se correspondent pas d'une assise à l'autre (1).

Et, tout près delà, Graviscæ, qui paraît avoir été le port de Tarquinii (2), nous offre le curieux spécimen d'un émissaire d'eaux étrusque, modèle manifeste de la *Cloaca Maxima*, créée à Rome par une famille émigrée, ne l'oublions pas, de ce canton même. C'est une voûte, d'un art égal à ce qu'on trouve de plus beau en Etrurie dans ce genre de monuments et de dimensions encore plus imposantes que celles de la Cloaca romaine : la profondeur des voussoirs est presque double ; seulement nous verrons qu'à Rome on en trouve un triple rang. Cette arche de Graviscæ s'ouvre sous une longue digue ou quai de maçonnerie régulière, s'élevant, en certains endroits, à 25 pieds au-dessus du cours de la Marta (3), dans laquelle se déversait l'écoulement ménagé par cette bouche. Et, en amont de ce point, une ligne de substructions, se dirigeant vers la ville, met sous les yeux de l'archéologue une *via munita*

(1) *Ibid.* ibid.

(2) Dennis I. p. 430 cite ici de mémoire les mots *Vetere Graviscæ* qu'il attribue à Virgile (En. X, 184). L'idée es exacte, mais la citation ne l'est pas. Virgile a dit : *Et Pyrgi veteres intempestaeque Graviscæ*, dans l'énumération des alliés étrusques d'Enée ; Pyrgi était une ville maritime, près de Cæré.

(3) Rivière qui sert d'écoulement au lac de Bolsena.

dont l'histoire romaine ne parle pas, sans doute parce que cette voie datait d'une époque où ni Tarquinii ni Falerii, ni Véies n'étaient encore placées sous la domination de Rome. Ainsi deux des genres de monuments qui ont empreint dans l'histoire de l'art romain la trace la plus profonde et la plus originale appartenaient à la banlieue de l'ancienne patrie des Tarquins, (1).

Que conclure enfin de cette rapide analyse, un peu longue pourtant peut-être, en proportion de la place que nous avons pu réserver à l'architecture romaine, mais qui ne pouvait être bien abrégée, si l'on voulait éclaircir sérieusement une question délicate et ouvrir une échappée suffisante sur un ordre d'études qui pourra trouver plus d'un adepte parmi nos lecteurs? N'est-ce pas ce fait que l'*importation* de l'art étrusque à Rome *date* du temps où il atteignit ses derniers perfectionnements en Étrurie, et qu'arrivé à ce point il exerça une influence décisive et permanente sur l'art de la cité-reine ? On pourrait même penser qu'il faudrait remonter plus haut encore que ces rapprochements ne l'indiquent, et que les murs de la *Roma quadrata* doivent avoir été imités des murs de Véies, autant ou plus que des anciennes fortifications

(1) Voy. Dennis 1. p. 433-4. Dans le t. IV de *l'Histoire des Romains*, p. 15, M. Duruy donne le plan et la coupe d'une chaussée romaine.

du Latium ou de la Sabine, si fort imprégnées, pour la plupart, du caractère pélasgique, que les Romains n'admirent à aucune époque. Cependant, si l'on considère que les murs à joints verticaux et à taille régulière ne paraissent pas fort antiques, dans l'Etrurie, où l'art pélasgique a certainement existé, puisque les restes en existent encore, on se sent porté à croire que Rome avait trouvé l'élément premier de son appareil, avant d'accepter de ses voisins du nord-ouest les préceptes d'un art plus difficile. Nous allons étudier brièvement ses débuts, rares d'ailleurs et trop peu variés pour nous permettre des recherches étendues. Nulle part nous ne trouverons la réponse à cette question capitale : la Rome primitive a-t-elle connu cet encorbellement, qui, en Grèce et en Italie, a conduit à la découverte de la voûte ? a-t-elle effectué, dans cet ordre de découvertes, un effort qui lui soit propre et qui ait concouru avec l'impulsion du dehors ?

CHAPITRE II

L'ARCHITECTURE ROMAINE AU TEMPS DES ROIS

§ 1er. — Temps des rois latins

Les vestiges les plus antiques d'une architecture romaine sont assurément ceux de la Rome Palatine, *Roma quadrata*. Il y a dix ans (1), M. Ferdinand Dutert, après avoir indiqué l'emplacement au moins probable de ses anciennes portes ajoutait : « Ces portes étaient réunies par un *mur d'enceinte*, dont on *voit encore* les restes à l'angle formé par la vallée Murcia et le Vélabre. Le mur de la Rome primitive repose sur le tuf naturel de la montagne. Il se compose d'*assises horizontales*, posées *en retrait* l'une sur l'autre et *sans ciment*. Ce système imparfait de construction en tuf lithoïde, provenant des

(1) *Revue archéologique*, janvier 1873. Il existe maintenant, spécialement dans l'*Atlas antiquus* de Kiepert, des plans de l'ancienne Rome assez complets et assez exacts pour que je puisse, une fois pour toutes, y renvoyer le lecteur.

collines romaines, accuse une époque antérieure à celle des murs de Servius Tullius, dont on admire les beaux restes sur l'Aventin. » Et il ajoute, après avoir reconnu des sentiers conduisant aux portes : « Cette simple disposition est bien en rapport avec l'ancienne théorie militaire : les voies menant à la ville longent l'enceinte fortifiée et forcent les assiégeants à présenter le flanc droit (1) aux défenseurs abrités derrière les murs. » Huit ans plus tard, M. Gaston Boissier s'exprimait ainsi (2) : Pendant qu'on cherchait surtout le palais des Césars, on a trouvé les restes de la vieille ville de Romulus, qu'on pouvait croire à jamais perdue..... C'était la Rome carrée, *Roma quadrata*, comme on l'appelait à cause de la forme même de la colline sur laquelle elle était assise, ou plutôt parcequ'elle avait été fondée d'après les règles de l'art des Augures (3).... On a retrouvé et l'on voit encore, en *divers endroits* du Palatin (4), les restes des murailles que construisaient les premiers fondateurs de la cité. Ce sont *de grands blocs* de pierre, extraits de la colline

(1) Celui qui n'est pas défendu par le bouclier.

(2) *Promenades archéologiques : Rome et Pompéi*, p. 52-4.

(3) Voy. notre 1er volume, 3e partie, chap. 3.

(4) Et non plus en un seul, comme au temps où M. Dutert publiait son article.

même. Quand les palais impériaux sont tombés, ces vieux débris qu'ils recouvraient ont été rendus au jour (1). » Et l'on a retrouvé aussi, sur le flanc de la colline, M. Boissier le répète avec M. Dutert, le *Clivus Palatinus*, qui partait de la voie sacrée. « A peine s'y est-on engagé, dit-il, qu'on rencontre les *assises*, encore *visibles*, d'une grande porte (2) ; un peu plus loin, des blocs de pierre énormes, détachés d'une muraille, ont roulé à terre. La muraille est celle qu'on attribue à Romulus ; la porte est beaucoup moins ancienne, mais on croit qu'elle a remplacé celle qui servait d'entrée principale à la *Roma quadrata*. On l'appelait *Vetus Porta* ou *Porta Mugonia*, et ce dernier nom lui venait, dit-on, des mugissements des bœufs, qui en sortaient chaque matin, pour paître dans les marécages qui devinrent plus tard le forum (3). »

(1) On en peut voir l'appareil très imparfaitement horizontal dans le dessin qui forme la p. 9 du 1er volume de M. Duruy.

(2) En 1873, on n'en avait encore signalé que l'emplacement.

(3) On lit dans Varron (*De lingua lat.* V. 164) Intra muros video portas dici : In palatio, *Mucionis* a mugitu, quod ea pecus in bucita circum antiqum oppidom exigebant. — On se rappelle les vers de Virgile :

Ad tecta subibant
Pauperis Evandri, passimque armenta videbant
Romanoque foro et lautis mugire Carinis
(Aen. VIII, v. 359-61).

De ces deux passages, l'un plus technique, l'autre plus récent et correspondant à des fouilles plus avancées, il résulte que l'on peut maintenant connaître avec certitude l'appareil des plus anciens murs de Rome ; je dis des plus anciens, car la fortification du Palatin a cessé de très-bonne heure d'être celle de la ville agrandie, et par suite n'a pu être refaite, même sous les derniers rois, surtout du côté de la porte Mugonia, qui regardait vers la Velia et le Forum. Or, de ces découvertes il résulte que la construction sans ciment rappelle les murs pélasgiques des divers systèmes, que les assises horizontales indiquent, en général, la période la moins antique de ceux-ci, et que les assises en retrait reportent spécialement notre pensée vers la fortification du Mont Circé et les temples qui l'avoisinent. La comparaison avec les vieux murs du Latium ne permet guère de reconnaître une restauration partielle de la muraille du Palatin, dans cette circonstance que les blocs n'y ont *pas toujours* (bien qu'ils l'aient souvent) une position alternée : tantôt la tête en dehors, tantôt posés dans le sens du mur, ce dont M. Brizio voudrait faire le criterium de la construction primitive. Les fondations du temple de Jupiter Stator, attribué à Romulus, ont été retrouvées auprès de la porte Mugonia ; du moins ce sont elles que M. Boissier croît reconnaître dans un amas de grandes pierres, signalé par lui quelques lignes plus loin (1). On ne peut reconnaître d'ailleurs que l'emplacement et non la forme de ce temple; mais il n'en est pas de même en ce qui concerne le temple de Vesta. Sans doute il serait aujourd'hui un peu téméraire d'en offrir le dessin, bien qu'on voie un temple de Vesta reproduit au revers d'une médaille de Vespasien (2), car, l'ancien temple ayant été brûlé (3), il ne pouvait s'agir là que d'une restauration, dont l'exactitude rigoureuse est bien incertaine. Néanmoins le *podium*, c'est à dire la substruction de ce vieux temple « a été mise au jour (dans les fouilles de 1874-75), et un passage dégagé tout autour, au niveau de l'ancien passage. » Tout près de là, sur le terrain occupé aujourd'hui par l'église Sainte-Marie-Libératrice, était l'ancienne Regia, qui fut brûlée avec le temple, Regia donnée par Auguste aux Vestales, et où les fouilles pratiquées lorsqu'on a bâti l'église ont mis au jour des inscriptions portant des noms de ces prêtresses. Denys d'Halicarnasae (II. 66) mentionne ce temple de Vesta comme appartenant aux plus anciens temps

(1) Voy. p. 54-5. Plutarque, *Vie de Cicéron*, place le temple de Jupiter *Stator* à l'origine de la voie sacrée, et Denys sur le Forum, près de la porte Mugonia, qui conduisait de la voie sacrée sur le Palatin (Parker *The Forum romanum*, 1876, p. 101.

(2) Voy. la pl. XXVII du *Forum romanum* de Parker.

(3) Voy. Ambrosch, *Studien, und Andeuntungen im Gebiet des Altræmischen Bodens und Cultus*, p. 4.

de Rome, et l'appareil grossier et primitif de son podium confirme cette donnée ; telle est du moins l'appréciation de M. Parker (1). Or, cette base est circulaire (2), ce qui concorde avec la représentation du temple sur la médaille de Vespasien, (celle d'une coupole soutenue par des colonnes). Il est d'ailleurs plus que probable qu'un monument religieux, destiné à un culte essentiellement symbolique, fut reconstruit sur le plan primitif. Le temple de Vesta, c'était le foyer commun de la cité, son prytanée, comme on aurait dit en Grèce, et nous ne tarderons pas à voir que le foyer domestique, la demeure privée des vieux Latins, semble avoir affecté souvent une forme semblable.

Un monument d'une autre espèce et antérieur aussi à l'avènement de la dynastie étrusque, sinon peut-être à l'arrivée dans Rome de Tarquin l'Ancien, c'est la *prison* que les historiens attribuent au roi Ancus, prison qui subsiste encore et dont la partie inférieure surtout n'a pas dû être grandement altérée, puisqu'elle est souterraine, creusée dans le flanc du Mont Capitolin. Les assises de cette prison sont horizontales, mais formées de blocs inégaux ; le cachot inférieur ne communique avec le reste que par une ouverture pratiquée au sommet de l'espèce de voûte qui le

(1) *Ubi supra*, p. 49.
(2) *Ibid.* p. 25, et les plans.

recouvre, voûte formée par le rapprochement graduel des assises horizontales qui constituent les parois de cette chambre, mais qui ne se surplombent pas, la coupe de l'ensemble formant une courbe continue (1). Le principe normal de la voûte n'y est donc pas employé, mais l'effet en est obtenu pour l'œil. Nous avons déjà vu un procédé pareil produire, dans une porte d'Arpinum, l'effet d'une ogive.

§ 2. — Temps des rois Etrusques

Enfin Tarquin Ier inaugure, dans Rome, un règne étrusque, et il y apporte les développements obtenus par l'art de sa patrie. « Le premier, » dit Denys d'Halicarnasse (2), il commença à cons- » truire les murs de Rome avec des blocs de » pierre taillés à la règle, et à creuser des » canaux souterrains, pour déverser dans le » Tibre les eaux engorgées dans la ville, œuvre

(1) Voy. Duruy, *Hist. des Rom.* II, p. 470; III, p. 396; cf. IV, 352; ceci est beaucoup moins visible dans la coupe de petite dimension qu'en offre le dictionnaire de Daremberg et Saglio, fig. 1183-4. — Nibby (*Itinerario di Roma e delle sue vicinanze,* p. 145-6, dit que Varron attribue ce cachot à Servius Tullius; mais on lit dans le *De lingua latina* (V. 151, édit. Müller, que M. Egger a fait réimprimer) : Pars quæ sub terra Tullianum, ideo quod additum a *Tullo* rege.

(2) *Ant. rom.*, III, 67.

» merveilleuse et qu'on ne saurait représenter » par des paroles. » Le langage de l'historien au sujet de ces murs, certainement continués dans le même système par Servius Tullius, compatriote, gendre et successeur de Tarquin, et qui compléta l'enceinte en joignant à la ville le Viminal et l'Esquilin, est nettement interprété par la vue des parties qui subsistent de cette enceinte. Les fouilles de 1863-71 ont fait retrouver tout le tracé de ce mur et en ont même mis au jour la majeure partie ; on y distingue, en certains endroits, des réparations appartenant au premier siècle de l'empire (1) ; on en trouve, sur l'Aventin, un pan de 10 mètres de haut sur 30 de long (2). Un fragment de l'enceinte de Servius est représenté à la p. 35 du 1er volume de M. Duruy : si l'égalité des blocs n'est pas encore parfaite, la régularité dss assises est en progrès manifeste sur l'appareil du Palatin. Néanmoins, comme l'a fait remarquer le P. Brazza, dans un mémoire lu à l'Institut de Correspondance archéologique, le 21 avril 1876 (3), ni l'un ni l'autre ne présente une surface polie, mais bien un équarissage grossier. M. Boissier a d'ailleurs observé, dans le mur de Servius (du

(1) Jordan, *Topographie der Stadt Rom in Alterthum* Ier Band, Iste Abtheilung, p. 204-5.

(2) Boissier, *ubi supra*, p. 59, note.

(3) *Annali dell'Instit. di corresp. archeol.* 1876, p. 75.

moins dans certains endroits), l'alternative indiquée plus haut pour la disposition des blocs (1). Quant à la grosseur des blocs eux-mêmes, si elle n'est pas rigoureusement constante dans l'enceinte appartenant à la dynastie étrusque, elle y est à peu près uniforme, quoique leur longueur varie beaucoup ; cette grosseur est à peu près de deux pieds romains, tant en hauteur qu'en largeur (2), d'où l'on peut conclure que, dès cette époque, Rome possédait la base du système des mesures linéaires qu'elle avait plus tard. Mais il y a plus : des caractères alphabétiques, ayant bien la forme des anciennes lettres romaines, tantôt isolés, tantôt réunis en lignes et ayant sûrement servi de marques de renvoi ou de chiffres de compte aux ingénieurs ou aux ouvriers, se trouvent en grand nombre, légèrement tracés, sur des pierres de ce mur, dans la partie qui

(1) *Ubi supra* p. 58.

(2) *Annali*, p. 77, 79, et Jordan, *ubi supra* p, 251 et 259. Le *pied romain* était de 0m296 ; or la hauteur et la largeur moyennes de ces blocs sont de 0m592 pour les parties les *plus anciennes* du mur. Jordan ajoute que la même hauteur se retrouve dans les blocs du mur d'enceinte du Palatin, et qu'elle est presque la même dans ceux de Tarquinii et d'autres villes de l'Etrurie méridionale, mais non à Cæré non plus qu'à Ardée. Selon lui, il convient d'attribuer à une autre époque, (c'est-à-dire à une restauration) les pierres de hauteur différente que l'on trouve en certains endroits du mur de Rome.

avoisine la porte Colline ; deux seulement de ces caractères ont été trouvés au mur du Quirinal, et un seul dans les substructions du Capitole (1). Ces fouilles, qui semblaient ne devoir nous éclairer que sur les développements de l'art romain, nous ont donc apporté la preuve matérielle de la haute antiquité de l'écriture chez ce peuple, et par suite de la facilité qu'il a eue, au moins dans le second siècle de son existence, à consigner par écrit les principaux événements de son histoire.

Si maintenant nous revenons aux détails de l'appareil tarquinien, et si nous y recherchons, dans un autre ordre de faits, les traces à demi effacées de cette antique civilisation, écoutons encore M. Jordan, exposant au même endroit (p, 251-2) les procédés de l'art étrusco-latin. « Ces blocs, dit-il, sont adaptés entre eux par un système de joints complètement perpendiculaires (2), là du moins où l'humidité, pénétrant dans la masse, ne les a pas dérangés.... Le même appareil se retrouve dans le mur du Palatin (3), dans une partie de l'Etrurie méridionale et à Ardée....

(1) Voy. Brazza, p. 76-81 du volume des Annali, *ubi supra;* cf. Jordan., *ubi supra*, p. 259.

(2) Durchweg in, sogenannten Laufen und Binder-System loth recht.

(3) Pas absolument, ou du moins pas partout, nous le voyons dans la planche de Duruy, I, p. 9.

A Cæré, *tous* les parallélipipèdes ont le bout tourné en dehors, méthode propre aux temps les plus anciens, dit Canina.... Nous devons considérer comme indice d'une restauration moins ancienne tout ce qui s'écarte de ces caractères communs des vraies constructions de cet âge. » On reconnait aisément un système de construction pélasgique dans ces blocs de Cæré, dont la longueur est posée dans le sens de l'épaisseur de la muraille.

Quant à la *Cloaca maxima*, nous en avons, au paragraphe précédent, reconnu le modèle ; nous avons déjà signalé ce fait, si important pour l'histoire de l'art, qu'elle constate, à Rome, les débuts antiques de la voûte régulière (1).

« Ce monument, le plus ancien que les Romains aient laissé, dit M. Guillaume, l'architecte-archéologue (2), atteste la puissance de leurs conceptions pratiques. Après vingt-quatre siècles, cet égoût modèle sert encore aujourd'hui et conduit au Tibre les eaux d'une grande partie de Rome.... L'embouchure forme, dans le mur du quai appelé *pulchrum littus*, un arc plein-cintre

(1) On en peut voir, aux pages 31 et 126 du 1er volume de M. Duruy, l'embouchure encadrée dans une vue du quartier moderne et le détail de la construction. Dans l'un et dans l'autre dessin on reconnait la triplicité des arcs concentriques ; V. aussi les fig. 1674, 1675 du dictionnaire de Daremberg et Saglio.

(2) Art. *Cloaca* de ce dictionnaire.

d'environ 5 mètres de diamètre, à triple rang de voussoirs concentriques, dont les joints sont en liaison les uns sur les autres (1). La voûte, les murs sont en blocs de *grand appareil* (2^m de long sur 1^m de haut), posées *sans ciment*, de pierre de Gabies (peperino) » (2).

Les fouilles de ces derniers temps ont aussi mis au jour les substructions d'un monument sur l'emplacement exact duquel on avait beaucoup disputé, malgré son immense célébrité dans l'histoire de l'ancienne Rome : c'est le temple de Jupiter Capitolin, ou plutôt de Jupiter, Junon et Minerve, dont les fondements furent jetés par Tarquin Ier (3), mais qui ne fut dédié qu'au commencement de la république (4), tant les travaux en furent énormes, pour les ressources dont disposait la Rome de ce temps-là. Ce sont ces fondements, représentant l'appareil et le plan du temple, tels qu'ils furent conçus dans le premier quart du VIe siècle, qui ont subsisté jusqu'à nous, *Capitoli immobile saxum*, et que nous pouvons étudier depuis peu d'années. M. Jordan a publié, dans les *Annales de l'Institut de correspondance*

(1) Ceux des rangs impairs se correspondant, voy. fig. 1674.

(2) Selon Nibby (*ubi supra*, p. 430), ce qui en subsiste n'est que la moitié de l'ancien développement.

(3) Denys d'Halic. III, 69 ; Tite-Live, 1, 38, cf. III, 27 VI, 16.

(4) Tite-Live, II, 8.

archéologique de 1876, la traduction italienne, annotée par lui, du rapport fait par un savant architecte allemand, M. Schupmann, sur les fouilles que tous deux venaient d'achever. En voici les principaux traits, du moins en ce qui concerne l'objet de la présente étude.

La conclusion à tirer des fouilles de 1865 et 1875-76, c'est que le temple était un rectangle de 51 mètres de large sur 74 m. de long (1), tracé par un mur épais de 5 m. 60. Les *pierres* sont *taillées* partout à *angles droits* (2) ; les murs s'élèvent encore à 0 m. 80 au-dessus du roc, bien qu'ils soient à plusieurs mètres au-dessous du sol actuel. On a retrouvé un pan de muraille intérieure, de la position duquel l'auteur conclut que, dans le sens de la longueur, le temple était divisé par quatre murs, épais chacun de 4 mètres, et sur lesquels devaient être posées des files de colonnes, ce qui tend à confirmer l'opinion que le temple était hexastyle (3), et que les colonnes avaient un écartement de 9 m. 20, mesuré de centre à centre, chiffre d'accord (4) avec la largeur du fronton, puisqu'elle était de 51 mètres. Ce fronton

(1) Soit le rapport de 5 à 7 et 1/4. Vitruve donne, pour les temples toscans, le rapport de 5 à 6 (IV, 6-7).

(2) Capitolium saxo *quadrato substructum erat*, opus vel in hac magnificentia Urbis conspiciendum. (T.-L., VI, 5).

(3) Une colonne de façade correspondant à chacune de ces files et, suivant l'usage, une à chaque mur latéral.

(4) A peu près.

était tourné vers le S.-O., et l'axe longitudinal s'écartait du méridien par un angle de 24° (1).

Tel est, quant à l'ensemble de l'édifice, le langage du savant architecte; j'avoue que, sur un point, je ne saurais être d'accord avec lui. La division intérieure de la substruction ne me paraît point prouver qu'il y ait eu cinq nefs plutôt que trois, que chaque colonne de face corresponde à une série de colonnes intérieures, et surtout, pour nous borner en ce moment aux constructions primitives, qu'il en ait toujours été ainsi. Le fût de colonne cannelée trouvé au point *y* du plan (2), c'est à dire entre le mur Est, retrouvé en très-grande partie, *h-l.*, et le mur ou stylobate intérieur, *k*, sont de marbre grec pentélique, et par conséquent, d'époque bien postérieure (3). Mais les angles N.-O., S.-O. et S.-E. ont été retrouvés avec leur forme parfaitement régulière ; il n'y a donc à mettre en doute ni la forme ni la dimension de l'édifice ; on ne saurait douter non plus que les divisions intérieures ne correspondissent à la dédicace du temple à trois

(1) Voy. p. 147-9.

(2) *Monumenti*, vol. X. Tavola XXX a.

(3) Voy. p. 150-1. Vitruve dit (IV, 7) que, dans l'architecture religieuse de l'Etrurie, la *cella* centrale formait les 4/10 de la largeur, et chacune des *cellæ* latérales, 3/10, enfin que la hauteur du temple doit être des 2/3 de sa largeur : Altitudo tertia parte latitudinis templi.. contrahatur.

divinités à la fois. La disposition primitive de cette division n'est pas d'ailleurs parfaitement claire d'après les textes. Tite-Live nous dit, en parlant de trois patères d'or, dont le prix avait, dit-on, été fourni surtout par la vente de prisonniers étrusques : Cum titulo nominis Camilli *ante Capitolium incensum*, *in Iovis cella* constat *ante pedes Iunonis* positas fuisse (1), et un peu plus loin (2) le même auteur dit, en parlant d'une statue de Jupiter Imperator, conquise à Préneste et portée au Capitole : Dedicatum est *inter* cellam Iovis ac Minervæ. Enfin, au livre suivant (3), le clou sacré est fixé suivant les rites ; il l'est, dextro lateri *ædis* Iovis Optimi Maximi, ex qua parte Minervæ *templum* est : ce sont les monuments qui constatent que le mot *à droite* signifie là : *à droite de Jupiter,* dont la statue regardait le fronton, et, non à droite de celui qui pénètrait dans le temple. Il ne reste, il est vrai, aucune figure du premier Capitole, brûlé au temps de Sylla ; mais il fut reconstruit promptement, et la figure du second Capitole, reproduite sur des monnaies de Petilius Capitolinus, nous montre le fronton couronné par les statues des trois divinités, placées dans cet ordre. Enfin des représentations du troisième Capitole, celui qui fut rebâti par Vespasien

(1) T.-L., VI, 4.
(2) *Ibid.* 29.
(3) VII, 3.

après l'incendie raconté par Tacite (Hist., III, 71-72), nous montrent, sur des monnaies de cet empereur, le dieu et les déesses ainsi placés à l'intérieur même du temple (1). Dans l'une et l'autre représentation, le temple est hexastyle. D'après l'une et l'autre aussi, « les trois cellas étaient couvertes par un seul toit à double égout, dont l'inclinaison correspondait exactement à celle des pentes du fronton. » C'est en parlant du premier Capitole que M. Saglio s'exprime ainsi, et il est en effet bien probable qu'on s'efforça de reproduire exactement après l'incendie, un temple si vénéré. Tite-Live raconte d'ailleurs, sous l'année 296, celle qui précède immédiatement l'année de la bataille de Sentinum, que ce fut alors qu'on posa sur le comble l'image de Jupiter sur un quadrige, image reproduite sur les monnaies de Petilius Capitolinus (2).

Ici se termine ce que nous avons à dire des monuments de l'époque royale (3). Quant à l'architecture privée, ce que nous pouvons en savoir consiste seulement dans l'assimilation probable

(1) Voy. l'art. *Capitolium*, dans le dictionnaire de Daremberg et Saglio. Cet article est de M. Saglio lui-même.

(2) *Ibid.* et renvoi à T.-L., X, 23.

(3) Le cirque de Tarquin Ier ayant été restauré, agrandi et embelli par César et par plusieurs empereurs (Nibby, p. 433), il sera plus à propos d'en parler avec détail dans un autre chapitre.

des habitations ou de certaines habitations avec les urnes funéraires de forme ronde, à couverture conique, trouvées sous la lave du mont Albain et dont le détail figure manifestement des cabanes (1). Sous le mot *Atrium*, le dictionnaire que je viens de citer en donne une autre de forme carrée, avec étages en retrait, indiquant un art plus compliqué ; on l'a trouvée à Chiusi, en Etrurie. Peut-être ressemble-t-elle davantage aux maisons de Rome du temps des Tarquins.

(1) Duruy, Hist. des Rom., T. I, p. 131.

CHAPITRE II

L'ARCHITECTURE ROMAINE DU Ve AU IIe SIÈCLE

§ Ier. — Monuments publics

Ainsi Rome avait une architecture plus étrusque que latine, dans les premiers siècles de son histoire, ou du moins au temps où se produisit chez elle le premier développement de l'art, mais elle avait une véritable architecture, avec laquelle elle savait exécuter de grands monuments, bien avant de connaître la Grèce proprement dite, et lorsqu'elle connaissait à peine la Grèce campanienne. M. Beulé a donc eu raison de proclamer (1) que les écrivains du temps de l'empire ont méconnu leurs ancêtres, lorsque, vantant la simplicité de ceux-ci, ils leur ont attribué des mœurs exclusivement rustiques. Il va plus loin : il soutient que cette architecture s'est dégagée de la tradition étrusque aussi

(1) *Un préjugé sur l'art romain*, 1865, (init.)

réellement qu'elle a prévenu les leçons des Grecs. Voyons quelles raisons il a données de le penser.

Mais tout d'abord ne lui attribuons pas une exagération insoutenable, qui était loin de sa pensée et même de son langage. L'art étrusque, il ne le méconnaissait pas dans la vieille Rome ; il le voit là, même avant les Tarquins, même dans les murs de la *Roma quadrata*, déjà mis au jour par M. Piétro Rosa lorsqu'il écrivait ces pages. C'est encore l'art étrusque qu'il reconnaît dans la citerne voûtée qui, selon lui, devint la prison Mamertine. A plus forte raison, le reconnaît-il dans les murs de Servius, comme dans la Cloaca Maxima, comme dans le Capitole. La découverte mentionnée plus haut montre même que M. Beulé avait poussé la concession trop loin, quand il avait dit que la largeur du Capitole était, suivant la règle étrusque, les 5/6 de sa longueur.

Il réunit encore (§ Ier) des données historiques qui lui permettent de nier que l'influence de l'Etrurie sur l'art romain ait cessé avec la domination des Tarquins. Il reconnaît dans l'émissaire du lac Albano une imitation de la Cloaca ; mais il ajoute que, si les Etrusques avaient enseigné aux Latins l'art de construire sous la terre, les débris d'émissaires qu'on en trouve en Toscane sont bien inférieurs à ceux qu'on a découverts à Rome. L'émissaire qui maintient le niveau du lac Albano est intact, dit-il (§ II) ; il sert encore, et les Romains l'ont creusé et revêtu de larges assises, au temps de leur plus grande pauvreté, pendant leur lutte désespérée contre Véies. Et l'auteur dit un peu plus haut, en parlant de l'appropriation d'éléments étrangers, librement transformés par Rome, aux divers objets de sa civilisation : « Ce don d'assimilation, les Romains l'avaient manifesté de bonne heure, en présence de l'art étrusque. S'ils avaient adopté ses principes et ses formes, ils avaient modifié et singulièrement agrandi ses applications..... Ce ne furent point les Etrusques qui leur apprirent à bâtir, avec des blocs de rochers de forme polygonale, des voies admirables qui devaient éternellement durer. L'arc plein-cintre et la voûte leur furent transmis par les architectes toscans ; mais on ne trouve en Toscane ni les aqueducs magnifiques à trois étages superposés, ni les ponts qui ont bravé l'effort des temps et qu'on voit encore à Rome, ni les arcs de triomphe, ni les tunnels et les cloaques gigantesques que la république a construits. »

Nous avons vu (ch. I, § 2) qu'on peut trouver deux lignes de trop dans ce parallèle : le système des *voies* romaines est signalé, dans un ouvrage postérieur de beaucoup à cette étude, comme se rencontrant sur *un point* de l'Etrurie méridionale. Mais la comparaison en est impossible, en ce qui concerne la hardiesse et la grandeur de l'entreprise, avec les immenses travaux de cette nature, entrepris et exécutés par les

Romains, même en se bornant à l'Italie, aux voies partant directement de Rome elle-même. En thèse générale, la hardiesse et la grandeur sont les caractères dominants de l'architecture romaine, comme la grâce l'était de l'art des Grecs. Cette architecture en effet, « ne recherche point des proportions exquises ni des détails raffinés, dit encore M. Beulé; elle vise à l'utile et au grand. » Mais l'auteur nous fait comprendre tout aussitôt que cette utilité est celle des intérêts politiques, dont l'ancienne Rome était préoccupée bien plus que du sentiment religieux proprement dit ou des intérêts domestiques. L'auteur ajoute, en effet : « Le temple,.. les Romains le copièrent, en Etrurie d'abord, plus tard en Grèce. Les dieux sont satisfaits, les rites observés ; cela suffit. Les constructions civiles, au contraire, absorbent toute leur attention ; c'est là qu'ils sont incomparables ; c'est là qu'ils deviennent créateurs par la hardiesse de leurs plans et l'étendue de leurs entreprises. Dès qu'il s'agit d'assainir la ville, de la fortifier, d'y amener les sources des montagnes voisines, de préparer le théâtre des assemblées, d'abriter la vie politique sous toutes ses formes, de dessécher les marais, de féconder les campagnes, de construire des ponts sur les fleuves les plus impétueux, d'établir des routes qui porteront leurs armées jusqu'aux extrémités de l'Italie, les Romains n'empruntent rien aux Grecs ;.. ils montrent au monde des modèles que le monde a désespéré d'égaler ;.. l'expression la plus forte pour désigner la grandeur d'un ouvrage, n'est-ce pas de dire qu'il est digne des Romains ? » (1)

J'ai dû reproduire ces lignes d'ensemble, qui donnent l'idée la plus juste et la plus frappante du caractère général de l'art romain. L'auteur fait d'ailleurs observer, en venant à l'analyse de ce genre de construction, que, même dans l'exécution, ses principes diffèrent essentiellement de ceux de l'art hellénique, celui-ci adoptant presque toujours les portées horizontales, et celui-là le plein-cintre et la voûte, ce qui correspond à l'emploi de matériaux différents. La brique et le blocage adoptés par les Romains eussent été insuffisants pour l'exécution des œuvres de la Grèce, laquelle adopte partout l'usage des grands blocs, dont les joints sont soutenus par des colonnes.

Nous avons vu l'usage que, de très-bonne heure, les Romains firent de l'arc pour des travaux d'assainissement ; ils en firent un usage bien plus merveilleux encore pour la conduite des eaux courantes, en d'autres termes par la construction *d'aqueducs*, à laquelle ils s'étaient comme essayés par la canalisation souterraine. « Les Grecs ne manquaient point de marais, dit encore

(1) L'auteur dit dans un autre passage : « Leur imagination s'attache à la terre pour l'étreindre par la conquête ; leur grande poésie c'est l'ambition. »

M. Beulé, mais ont-ils jamais songé à faire ce qu'a fait Appius Claudius, dès l'an de Rome 441 ou 442 (313-12)? Un grand canal ouvre passage aux eaux (des marais Pontins), jusqu'à la mer; une chaussée assure la solidité de la voie Appia; des ponts multipliés ouvrent un passage aux torrents qui se précipitent des montagnes ; trente lieues carrées sont rendues à la culture. » La même année, le premier aqueduc est construit (Aqua Appia) ; c'est un canal porté dans les airs par des arcades ; quarante ans plus tard, il est suivi par l'aqueduc de Curius Dentatus, terminé en deux ans et qui amenait à Rome l'eau de la rivière d'Anio. Au milieu du second siècle avant notre ère, *l'Aqua Marcia* est amenée au mont Capitolin par l'aqueduc du préteur Marcius Rex, et peu après *l'Aqua Tepula* coule dans un canal qui rejoint l'Aqua Marcia, mais sans se confondre avec elle; il lui demeure superposé, porté par les mêmes substructions (1). Nous verrons plus loin les aqueducs de l'empire.

Les distances parcourues par ces conduites d'eaux sont considérables ; mais il s'en faut de beaucoup que la totalité de chaque canal soit soutenue en l'air par le hardi travail des ingénieurs romains. L'article qui vient d'être cité

(1) Voy. dans le dictionnaire de Daremberg et Saglio, l'article *Aquæductus*, rédigé par M. Thierry pour la partie romaine.

nous apprend que la partie de *l'Aqua Appia* ainsi suspendue, ne dépassait point 60 pas ; sur les 43 milles qu'il mesure, *l'Anio Vetus* n'avait que 221 pas sur arcades. Quant à *l'Aqua Marcia*, dont le développement dépassait 60 milles, elle avait 7,463 pas au-dessus du sol. Réunis, les quatre aqueducs du temps de la république amenaient journellement à Rome une fort grande quantité d'eau ; il n'y avait pas de déperdition en route, car, là même où les canaux couraient au niveau de la plaine, on les avait recouverts, peut-être, dit M. Thierry, pour qu'ils ne fussent pas coupés par les ennemis. *L'Aqua Appia* remonte au temps des grandes luttes contre les Samnites, et *l'Anio Vetus* au temps de l'invasion de Pyrrhus.

L'arc adopté par les Romains ne fut pas seulement employé par eux pour des travaux d'utilité publique, dans le sens matériel du mot ; ils l'employèrent pour célébrer la gloire de leurs grands capitaines et exiter l'émulation de la postérité, par la construction des *Arcs de triomphe*. Ordinairement élevés postérieurement au triomphe lui-même et non pour être franchis par la pompe du vainqueur, parfois même en souvenir de victoires que le triomphe n'avait pas suivies, ces arcs (1) avaient pour caractère commun de re-

(1) « La signification d'*Arcus*, plus restreinte que celle de *fornix*, ne paraît jamais s'appliquer qu'à des voûtes

présenter des portes ouvertes dans une construction qui ressemblait à une tranche de mur. « L'arc lui-même est une large baie plein-cintre ;.. au-dessus, dans un attique, est l'inscription honorifique, la dédicace ; au sommet, la statue du triomphateur, d'abord à cheval, comme le montrent les plus anciennes médailles, plus tard sur un char. L'arc fut toujours décoré de colonnes, soit engagées, soit dégagées, supportant l'entablement. » (1) Il faut cependant ajouter que, nul arc élevé sous la république ne subsistant aujourd'hui et les dessins des médailles étant fort simplifiés (2), nous ne pouvons affirmer quels étaient, avant Auguste, les détails de ces œuvres ; mais le caractère général ne paraît pas en avoir jamais varié.

Un autre genre de monuments, la *basilique*, a été en grande faveur à Rome dans les derniers siècles de la république. Son nom la désigne comme empruntée à la Grèce ; néanmoins M. Guadet fait observer (3) que l'expression Βασιλική n'est jamais employée en parlant des monuments de ce pays, et que nous ne connaissons pas le plan

de peu de profondeur », dit M. Heuzey, dans le § II de l'article qui va être cité.

(1) Guadet § *III* de l'article *Arcus*, dans le dictionnaire de Daremberg et Saglio.

(2) Id. *ibid.*

(3) *Ibib*, Art. *Basilica.*

de la Βασιλέως στοά d'Athènes. A Rome, c'était à la fois la bourse et le tribunal de commerce, des bureaux d'affaires et un rendez-vous d'oisifs. L'idée religieuse attachée maintenant à ce mot vient uniquement de ce qu'on imita de bonne heure, dans les églises chrétiennes (2), la forme de ces monuments, que Vitruve considérait comme des annexes du forum, utiles en ce que les négociants y sont à l'abri en hiver et en temps de pluie. La description qu'il en donne se confond avec les règles de goût qu'il prescrit pour leur construction, et je ne saurais mieux faire ici que de traduire ce court passage, sauf à le comparer ensuite aux études faites par M. Guadet, dans l'article cité sur les restes ou reproductions de ces monuments.

« La largeur des basiliques ne doit être ni plus « d'une moitié ni moins d'un tiers de la lon- « gueur, » dit l'auteur latin, contemporain d'Auguste et qui avait sous les yeux les basiliques élevées quelque temps avant lui. « On devra ajouter « des *Chalcidiques* (3) à l'extrémité, comme on « l'a fait pour la basilique *Julia Aquiliana*. La « hauteur des colonnes doit être égale à la lar- « geur du portique;..... les colonnes supérieures

(1) L. V, chap. 1.

(2) Avant-portique ou dégagement couvert; on en attribue à des monuments de destinations diverses. Voy. Saglio, art. *Chalcidicum*, dans son dictionnaire.

« seront moindres que celles d'en bas, et le pa-
« rapet qui sépare les deux ordres paraît devoir
« être inférieur d'un quart seulement aux pre-
« mières, en sorte que ceux qui se promènent
« sur la galerie ne puissent être vus des négo-
« ciants..... Le tribunal compris dans la basilique
« a la forme d'un hémicycle surbaissé (*minore*
« *curvatura*) ; » pour 46 pieds d'ouverture, 15 de profondeur.

La plus ancienne des basiliques de Rome fut élevée par M. Porcius Caton, d'où venait son nom de basilique *Porcia* (1) ; elle datait d'une vingtaine d'années après la seconde guerre punique, et elle fut incendiée par accident aux funérailles de Clodius (2) ; mais alors elle n'était plus unique. Très peu après sa construction, M. Fulvius Nobilior en avait élevé une autre, la basilique *Fulvia*, nommée aussi *Æmilia*, du nom de L. Æmilius Paulus qui en opéra la restauration. Après un intervalle de moins de dix ans, eut lieu la censure de Ti. Sempronius Gracchus, auteur de la basilique *Sempronia* (3). Enfin, au milieu du même siècle, le

(1) Guadet, *ubi supra* ; T.-Live, XXXIX, 44.

(2) *Ibid.* T.-L. XL ; 51, cf. Varron, *De lingua lat.*, V, 156, VI, 4.

(3) *Ibid* ; T.-Live, XLIV, 16. Dans Tite-Live, la première et la troisième mention sont accompagnées de ce détail, que l'on avait acheté, au nom de l'Etat, des boutiques, qui apparemment occupaient ce terrain. Quant au

consul Opimius fit construire la basilique *Opimia*. Aucun de ces monuments, tous antérieurs à Vitruve, ne subsiste aujourd'hui, et nous aurons à parler ailleurs des basiliques du temps de l'Empire. Mais une monnaie de la famille Æmilia, reproduite dans l'article de M. Guadet, constate l'existence, dans ce monument, du portique supérieur (1) que Vitruve attribue aux basiliques en général.

Le palais du Sénat (*Curia* ou *Senaculum*) a occupé divers emplacements, et, quand Tite-Live (V. 55) suppose que la haute assemblée occupait la *Curia Hostilia* au moment où elle il délibérait sur la reconstruction de Rome, après l'incendie allumé par les Gaulois, il me paraît tenir trop peu de compte de cet incendie. Rebâtie probablement à cette époque, elle fut de nouveau brûlée par accident durant les funérailles de Clodius ; ce serait donc sans doute à sa restauration par Auguste qu'il faudrait rapporter les trois murs de brique que Nibby signalait (p. 171) comme en ayant fait partie ; mais il les désigne comme se trouvant au milieu du côté méridional

censeur Lepidus, il est dit avoir construit sa basilique derrière des maisons de banque (post argentarias novas).

(1) On n'y voit pas trace d'abside, mais on sait que les représentations monétaires étaient simplifiées à cause du peu de largeur du champ.

du forum (1) ; c'est, au contraire, du côté du nord que la substruction en est indiquée dans le plan de M. Detlefsen, et c'est là aussi que M. Dutert place la *Curia Julia*, qui lui a succédé (2). Le tracé qu'il donne de la Curia Hostilia, comme celui de la Curia Hostilia dans Detlefsen, est un rectangle ayant sa longueur dans le même sens que celle du forum ; mais j'ignore quels éclaircissements on peut donner sur cette découverte.

Nous pouvons nous étendre un peu davantage sur le *Senaculum* qui se trouvait au mont Capitolin. « A droite des Rostres, *près du Comitium*, » dit Varron (3), est un édifice où devaient stationner les ambassadeurs des nations étrangères envoyés vers le Sénat. On l'appelle » Grécostase en prenant, comme on le fait souvent, la partie pour le tout ; au-dessus de la » *Grécostase* est le Senaculum, du même côté » que le temple de la Concorde et la Basilique » Opimia. Le Senaculum a été construit pour les » séances du Sénat. »

L'emplacement de la Grécostase est certain : on lit *Grecost* sur un fragment d'un ancien plan de Rome, au lieu correspondant à celui où subsistent

(1) Et aussi Bunsen en 1846 (*Annali dell'Inst. di corresp. archeol.*)

(2) Voyez ces deux plans du forum, dans les *Promenades archéologiques* de M. Boissier.

(3) *De lingua latina*. L. V, §§ 155-6.

trois colonnes ; seulement l'ancienne Grécostase était ruinée dès le temps de Pline l'ancien, et, quand elle fut rebâtie par Antonin le Pieux, il l'éleva sur l'emplacement du *Comitium*, c'est-à-dire du lieu où s'assemblaient jadis les comices curiates (1). Mais, si l'ancien monument ne subsiste plus, ces indications ont servi à retrouver les substructions du *Senaculum* lui-même. On y reconnaît un rectangle allongé, terminé par un rectangle transversal, qui en déborde légèrement la largeur d'un côté seulement. Des substructions transversales coupent l'édifice de distance en distance, mais, comme le fait observer M. Parker, elles devaient servir uniquement à soutenir le pavé de la salle (2) ; le Sénat composé de plusieurs centaines de membres, délibérait en commun, et il ne pouvait y avoir de murs ni de cloisons entre les parties de l'édifice (3). L'auteur fait remarquer aussi que le lieu des délibérations n'était pas le temple même de la Concorde, bien que les décrets du

(1) Nibby, p. 168-9.

(2) Ou peut-être des colonnades.

(3) Voyez, pour le plan et la coupe, les planches IV et V du *Forum romanum* de cet antiquaire. Vitruve dit, en parlant des curies de cités ou de municipes : « Si elles » sont carrées, la hauteur doit en être une fois et demie la » largeur. Si elles sont oblongues, la hauteur sous lambris » doit être la demi-somme de la longueur et de la lar- » gueur. » Livre V, chapitre 2.

Sénat, fussent promulgués sur les degrés de ce temple, mais que les deux édifices communiquaient et qu'on pénétrait par le temple dans le Senaculum.

§ 2. — Les Temples

Nous n'avons pas à revenir sur le Capitole, qui représente l'art romain aux temps voisins du passage de la royauté à la république et par conséquent à l'époque où l'influence étrusque a été le plus prononcée. L'action prolongée de l'Etrurie sur la religion des Romains, du moins en ce qui concerne le culte, nous autorise à penser que l'art religieux conserva les mêmes principes durant les siècles dont nous parlons à cette heure ; il convient en conséquence d'attribuer aux temples nombreux qui furent élevés dans Rome durant la période républicaine, antérieurement à l'invasion de l'art grec, les règles posées par Vitruve pour l'architecture des édifices sacrés conçus dans le style étrusque, et dont il a été dit quelques mots dans les pages précédentes.

« La largeur de ces temples, dit-il (1), doit » être les 5/6 de leur longueur. Celle-ci est

(1) *De Architectura* IV, 7. La colonne toscane avait 7 diamètres de hauteur, nous dit Pline (*Hist. nat.*, XXXVI, 56).

» divisée en deux parties : l'une à l'intérieur » pour les *Cellœ*; l'autre plus près de la façade, » pour un système de colonnes. Si l'on divise la » largeur en 10 parties égales, 3 à droite et » autant à gauche seront réservées pour les » *Cellœ minores* ou *Alœ* (1), les 4 autres pour la » division du milieu. Dans le *Pronaos*, devant » les *Cellœ*, les colonnes doivent être disposées » de telle sorte que celles des angles correspon- » dent aux *antes* de l'extrémité des murs. Deux cor- » pondent aux parties du mur qui vont de » chacune des antes à la cella du milieu.... La » hauteur du temple doit être inférieure d'un » tiers à sa largeur, et les colonnes d'un quart » moins épaisses au sommet du fût qu'à la partie » inférieure.... La hauteur du chapiteau sera la » moitié de son épaisseur, et la largeur de » l'abaque sera celle du fût, dans sa partie la » plus inférieure.... On posera sur les colonnes » des poutres formées d'une réunion de solives... » Au-dessus des poutres et des parois, à la » hauteur d'un quart de colonne, seront des » rangs des modillons (2) en saillie; sur » le parement, des chambranles (3) surmontés

(1) Ce dernier terme n'est pas communément employé en parlant des temples.

(2) Ornement en S, figurant l'extrémité des chevrons.

(3) Cadre formé de deux montants et d'une traverse.

» d'un tympan (1), et au-dessus, le comble et les » chevrons. »

« Les autels, dit encore Vitruve, au chapitre » suivant, doivent regarder l'orient et être » placés plus bas que les statues renfermées » dans le temple, afin que ceux qui font les » supplications et les sacrifices élèvent le regard » vers la divinité. »

Je ne sache pas qu'il reste nulle part de temple *romain* antérieur au siècle de César, bien que Tite-Live en cite un grand nombre. « Les auteurs anciens, dit M. Beulé (2), nomment trente et un temples bâtis par la république avant la conquête de la Grèce; ce nombre sera au moins doublé, si l'on considère ceux qu'ils ont dû omettre, puisqu'ils ne citent les monuments qu'incidemment, pour préciser une date, alléguer un fait, encadrer un récit. »

Presque jamais aucun détail n'est énoncé sur le style de ces vieux édifices. Vitruve dit seulement que le temple de Jupiter, dans l'île du Tibre, est prostyle ; que celui de l'Honneur et de la Vertu n'a point de posticum (opisthodome) ; qu'à Rome, il n'existe point de temple dont la cella intérieure n'ait pas de toit (3) ; enfin que le temple d'Apollon et Diane est diastyle, l'entre-

(1) Espace encadré par trois corniches.
(2) *Ubi supra*, § 1er, vers la fin.
(3) L. III, ch. 1er.

colonnement ayant la dimension de trois épaisseurs de colonnes (1). Tite-Live (2) parle aussi d'un temple *rond* d'Hercule, dans le forum Boarium, à propos d'une indication topographique, sans dire à quelle époque il fut construit. Il n'explique pas non plus le scrupule rituel qui imposa la construction de deux cellæ distinctes, quand, vers la fin de la seconde guerre punique, on éleva l'édifice voué par Marcellus à l'Honneur et à la Vertu (3). Ces faits ne sont pas sans intérêt, mais ne représentent point l'histoire d'un développement quelconque de l'architecture romaine. Il me semble qu'il faut, pour cette période, en revenir au mot de M. Beulé : « Le temple,.... les Romains le copient servilement, en Etrurie d'abord, plus tard en Grèce. Les dieux sont satisfaits, les rites observés, cela suffit. » Il n'y a pas même, dans la langue latine, d'expression spéciale et générale pour représenter un grand édifice religieux. A proprement parler, *Templum* signifie autre chose, ainsi que nous l'avons vu dans la troisième partie de ce travail (4).

§ 3. — **Les Maisons.**

Quant à l'architecture privée, elle n'existe pas

(1) *Ibid.* 2.
(2) X, 23.
(3) XXVII, 25.
(4) T. I, p. 404, 408.

chez les Romains, comme œuvre d'art, jusqu'à l'avant-dernier siècle de la république.

Privatus illis census erat brevis,
Commune magnum : nulla decempedis
Metata privatis opacam
Porticus excipiebat arcton,

comme le dit Horace au second livre des Carmina (1). Si l'on peut n'attribuer qu'aux huttes des premiers habitants de Rome et du Latium la forme des vases funéraires, carrés ou cylindriques et coniques, qui manifestement représentent des demeures de vivants (2), on ne peut nier que, pendant de longues générations, sénateurs et clients n'aient vécu, comme le vieil Evandre, *angusti subter fastigia tecti*. L'Atrium, dit M. Saglio, (3), « était probablement l'unique pièce des habitations primitives de l'Italie ; ce fut la principale encore de celles que l'on construisit par la suite. » On appelait *atrium tuscanicum* celui qui était éclairé par en haut, au moyen d'une « ouverture carrée (compluvium) pratiquée dans le toit, dont les pentes étaient inclinées vers l'intérieur, de manière à verser les eaux dans un bassin (impluvium) placé au-dessous....

(1) Ode. *Iam pauca aratro.*

(2) Voy. le *Dict. des Ant. grecques et rom.* p. 530 et 984) et Duruy, T. I, p. 31.

(3) Id. *Ibid.*

D'après l'opinion aujourd'hui la plus généralement acceptée, ce nom (*atrium*) vient de *ater*, à cause de l'aspect sombre de ces intérieurs peu éclairés et noircis par la fumée, qui s'échappait par l'ouverture du toit. » (1) L'*Atrium* portait aussi le nom de *Cavœdium* ou *Cavum œdium* que Varron définit ainsi : *cavum œdium* dictus qui locus *tectus* intra parietes relinquebatar patulus, qui esset ad *communem omnium usum ;* ce qui rentre un peu dans la définition précédente. L'auteur latin distingue du *tuscanicum*, décrit comme nous venons de le voir, la *testudo*, qui n'avait en haut aucune ouverture, et il ajoute que cet atrium était *entouré* de pièces distinctes par leur usage et leur nom : ubi quid conditum esset *cellam* appellarunt, *penarium* ubi penus, ubi cubabant *cubiculum* vocitabant. Depuis, ajoute-t-il encore, on a transporté la salle à manger à un étage supérieur. On voit, par l'emploi du passé, que la disposition qu'il vient de décrire appartenait à des siècles antérieurs ; Varron en cite, comme des exceptions, des exemples qui en subsistaient encore (2). Nous apprenons de Vitruve (3) que l'Atrium tuscanicum de son temps était traversé, dans sa largeur, par des poutres croisées de solives.

(1) Id. *ibid.*
(2) Id., p. 981 ; v. aussi Varron, auquel renvoie M. Saglio, *de Lingua lat.* V. 161-2.
(3) VI. 3.

La simplicité des demeures privées subsista longtemps. C'est à l'orateur Crassus, dans la génération qui a précédé celle de Pompée, que Pline (1) attribue le premier emploi du marbre étranger pour décorer une habitation romaine; encore ne demanda-t-il au mont Hymette, pour sa maison du Palatin, que six colonnes de douze pieds. Etait-ce dans la décoration d'une façade ou dans celle d'un atrium corinthien, que Vitruve (*ubi supra*) nous fait entendre que les colonnes servaient à soutenir des poutres en saillie des murs (a parietibus recedentes in circuitionem circa columnas componuntur)? l'auteur ne nous l'apprend pas. L'exemple donné fut d'ailleurs suivi et dépassé avec une rapidité vertigineuse, et les maisons de la noblesse ne différèrent guère moins de celles des premiers temps de Rome par leurs dispositions intérieures (2) que par le luxe de leur décoration.

(1) *Hist. nat.*, XXXVI, 3.
(2) V. infra, chap. V.

CHAPITRE IV

L'ARCHITECTURE DES MONUMENTS ROMAINS AUX SIÈCLES DE CÉSAR ET D'AUGUSTE

§ 1er. — L'invasion de l'art grec et la persistance de l'art romain. — Les monuments du temps de César.

Depuis les conquêtes faites par leurs légions en Sicile et en Grèce, la passion de l'art hellénique s'était éveillée chez les Romains. Sans doute les statues et les tableaux que chaque proconsul, chaque préteur de province pouvait s'approprier pour en orner son musée étaient surtout l'objet d'une compétition de pillages plus ou moins éclairés par le goût; mais l'architecture nationale ne put échapper à l'imitation de modèles charmants et sublimes, quand tant de riches Romains les avaient eu longtemps sous les yeux, soit durant leur vie d'étudiants, soit durant leur vie militante.

Aucun produit de cette imitation, antérieur à César, n'a subsisté dans l'Italie romaine. Le second Capitole, entrepris par Sylla après l'incendie de l'an 83, bâti surtout par Catulus et achevé par César, fut certainement élevé sur le plan vénéré de l'ancien centre religieux de Rome ; dans la décoration seule, quelques innovations se produisirent. Sylla fit apporter, pour cet objet, des colonnes du temple de Jupiter Olympien, à Athènes, temple que nous savons avoir été d'ordre corinthien (il en subsiste encore 16 colonnes) ; mais M. Phocion Roque pense que celles qui furent emportées à Rome faisaient partie des colonnes préparées jadis au temps des Pisistratides, quand il ne pouvait être question de construire un temple corinthien, et qui avaient été abandonnées dans la poursuite d'un travail plusieurs fois séculaire. Des monnaies de Petilius Capitolinus nous apprennent de plus que le nouveau temple était hexastyle (1). Plusieurs temples de style grec furent sans doute élevés à Rome et en Italie (2), depuis les dernières années du IIIe siècle jusqu'à la mort de César ; mais, sauf le Capitole, les monuments célèbres de cette époque étaient d'une autre nature, et, avant d'aller plus loin, il

(1) Voyez le *Dict. des antiq. gr. et rom.*, p. 902, et la *Topographie d'Athènes*, d'après le colonel Leake, p. 176-77, Cf. Pline *Hist. nat.* L. XXXVI, chap. 5.

(2) Indépendamment de la Grande-Grèce, où ils appartenaient à l'art national.

y a lieu d'énoncer ou plutôt de rappeler cette observation générale : que l'influence de la Grèce fut beaucoup moins profonde et moins étendue sur l'architecture des Latins que sur leur littérature. Ils poursuivirent la beauté avec moins d'ardeur que les Grecs et souvent par des moyens différents et moins habiles.

« L'art des Grecs, dit M. Duruy (1), est d'une merveilleuse simplicité et d'une logique inexorable.... Le temple grec est *un :* structure et ornementation dérivent d'une même pensée. — Les Romains ne sont pas des artistes d'une nature si délicate — ». Et un peu plus loin (2) : « Les Romains veulent, dans leur immense capitale, des monuments à la mesure de leur empire,... imposants par la masse bien plus que par les idées qu'ils éveillent et surchargés d'ornements de placage. » Enfin (3) faisant ressortir les conditions, le caractère et le but de cette architecture par une comparaison plus serrée avec celle des Grecs, il s'exprime ainsi, de manière à comprendre dans un jugement commun la nature de cet art à toutes les époques où nous pouvons le suivre : « Le sol du Latium condamnait les habitants à bâtir de briques, consolidées par du blocage et des chaînons de pierre.... Avec des

(1) *Hist. des Rom.* T. IV, p. 210.
(2) *Ibid.* p. 212.
(3) *Ibid.* p. 217-19.

matériaux d'un emploi si facile et pourtant si résistants, rien ne les empêcha de donner à leurs monuments ces proportions colossales qui ne sont pas toujours une des conditions de la beauté, mais dont l'artiste peut obtenir de puissants effets.... Cette nature des matériaux a permis aux Romains d'ajouter à l'art grec des éléments nouveaux : l'arc et la voûte, qu'ils empruntèrent aux Etrusques (1). Les Grecs connaissaient la voûte, mais ils s'en passèrent (2), parce qu'elle eût troublé leurs combinaisons, à la fois si simples et si belles, de surfaces et de lignes verticales et horizontales.... L'arc et la voûte, ajoutés à la plate-bande et à la colonne, donnèrent lieu à des combinaisons nouvelles : le plein-cintre et l'arc brisé. » Nous aurons donc souvent à étudier ici bien autre chose que l'application des lois de l'art grec à des monuments élevés par les Romains, et nous aurons à suivre la construction parallèle d'édifices appartenant à des genres empruntés à la Grèce et de monuments propres au sol italique.

Depuis assez longtemps déjà les Romains connaissaient les jeux de la scène, qu'ils avaient empruntés aux Grecs, mais où ils acquirent, dans la comédie, le mérite d'un art original, et,

(1) Voyez le 1er chapitre de cette VIIe partie.

(2) Pas toujours, mais presque toujours.

au siècle de César, les théâtres commencèrent à figurer au nombre des grands monuments de Rome. Celle-ci n'avait d'abord élevé, en ce genre, que des constructions temporaires, et cependant on avait commencé à les décorer avec luxe. « Trois cent trente colonnes, dit Pline (1), furent « transportées à Rome d'au-delà des mers, au « temps de l'édilité de M. Scaurus (beau-fils de « Sylla), pour décorer la scène d'un théâtre tem- « poraire qui devait à peine durer un mois. » Plus loin (2), l'auteur ajoute que la scène reposait sur un soubassement de marbre, surmonté d'un mur de verre, et au-dessus des planches dorées. L'on vit, au temps de César, « deux « théâtres contigus qu'un mécanisme puissant « faisait tourner avec les spectateurs, de ma- « nière à former une arène pour les combats de « l'amphithéâtre. (3) » Il est bien clair que ces théâtres ne pouvaient être qu'en bois, comme l'avait été d'abord celui d'Athènes. Tel était sans doute aussi, du moins quant aux estrades, le cirque de Tarquin, puisqu'il fut ruiné par un incendie et rétabli par César ; c'est lui qui porta le nom de Grand Cirque (Circus maximus) ; il

(1) H. N. XXXVI, 2.

(2) *Ibid.*, 24.

(3) Pline, *ibid.* — Duruy, *Hist. des Romains*, T. IV, p. 205.

était construit dans la Vallée Murcia, entre le Palatin et l'Aventin (1).

« La forme générale du Grand Cirque, disent les auteurs de l'article, avait, comme celle de l'hippodrome grec, ses deux côtés parallèles très-étendus (2); elle se terminait à l'une de ses extrémités par un demi-cercle, à l'autre par une partie légèrement cintrée, dont la corde ne formait pas un angle droit avec les côtés........ Pour la partie extérieure, celle qui supportait les gradins et les sièges des spectateurs, on a, dans les restes des amphithéâtres, des dispositions architecturales constitutives très-analogues qui expliquent très-bien ce que dit Denys d'Halicarnasse de la superposition de trois portiques en arcades, régnant autour des deux côtés longs et de l'hémicycle, et sur les voûtes desquels étaient portés les gradins construits en bois, avec les escaliers et les vomitoires y conduisant. »

Le cirque de Tarquin n'était destiné, dit Tite-Live, qu'à des courses de chevaux et à des combats de pugilistes ; mais les amphithéâtres furent ensanglantés par les combats de gladiateurs; ces monuments ne remontent d'ailleurs qu'au début

(1) Voyez le *Dict. des ant. gr. et rom*, p. 1187; renvois à Denys d'Halicarnasse, *Ant. rom.* III, 63, et à Tite-Live, I, 35, VIII, 20.

(2) On y pouvait placer, au temps de Denys d'Halicarnasse, 150,000 spectateurs.

des guerres puniques, et, comme les théâtres, ils ne furent longtemps que temporaires et construits en bois ; il n'y en eut en pierre qu'après la bataille d'Actium (1). C'est donc à un des paragraphes suivants qu'il y aura lieu d'y revenir ; nous n'avons ici qu'à en reconnaître l'origine. Mais on continuait alors à élever, sous le nom de *basiliques*, ces monuments appartenant aussi à l'art romain proprement dit et dont nous avons vu plus haut les premiers exemples. La basilique *Fulvia* fut restaurée, nous l'avons vu, sous le nom d'*Aemelia*, et une autre basilique *Aemilia* fut élevée par le même personnage Aemilius Paulus pendant qu'il était consul. Τὴν βασιλικὴν ἐκεῖνος ὀνομασιὸν ἀνάθημα τῇ ἀγορᾷ προσεκόσμησεν ἀντὶ τῆς Φουλβίας οἰκοδομηθεῖσαν, dit Plutarque (2) en parlant de la première. Or Cicéron écrivait à Atticus (3) : Paullus in medio foro basilicam iam pæne *texerat* iisdem antiquis columnis (4), *illam* autem *quam locavit* facit magnificentissimam. Quant à la basilique Julia, d'abord œuvre de César, elle fut achevée, puis relevée par Auguste, et tellement agrandie que la longueur en devint la largeur, la longueur nou-

(1) *Dictionn. des Ant. gr. et lat.*, p. 241.
(2) *Vie de César*, 29.
(3) L. IV, ep. 16. La lettre est datée 700 de Rome, pendant la conquête des Gaules.
(4) Celles de la basilique Fulvia.

velle s'étendant tout le long du Forum (1) ; nous aurons donc à y revenir aussi.

§ 2 Les temples du siècle d'Auguste.

Il nous reste un temple construit sous le principat d'Auguste ; mais il ne peut servir de type pour nous représenter le caractère de ces monuments, car, sans être précisement isolé dans l'histoire de l'architecture romaine, il a une forme qui, sauf à l'origine peut-être, y fut toujours exceptionnelle ; le temple c'est le Panthéon, élevé ou du moins commencé pendant la censure d'Agrippa.

Mais, avant de le décrire, il convient d'en déterminer, en quelques mots, la destination, très-ordinairement méconnue. Le Panthéon de Rome n'a jamais été un temple dédié à *tous* les dieux, c'est ce qu'a établi sans peine M. Jordan, dans le premier paragraphe de ses *Symbolæ ad historiam religionum italicarum* (1883). Partout et toujours, il est vrai, cet édifice est désigné sous le nom de Panthéon, bien que l'inscription ne contienne pas ce mot ; mais Dion-Cassius (LIII. 27) nous dit : « On l'appelle ainsi, *peut-être* parce qu'il « contient les images de *plus d'une* divinité, celle

(1) *Dictionn. des Ant. gr. et lat.*, p. 878 ; Parker, *The forum romanum*, p. 19.

« de Mars, celle de Vénus, mais plutôt, selon moi, « parce que sa forme de *coupole* (θολοειδὲς) le fait ressembler à la voûte du ciel. » (1)

Après avoir expliqué (2) que l'existence, dans des pays de langue grecque, de plusieurs panthéons, dans le sens connu du mot, avait naturellement suggéré la pensée d'interpréter ainsi le nom du panthéon d'Agrippa, Jordan ajoute qu'il ne faut pas confondre Πάνθειον, mot dont se sert Dion-Cassius et qui est le neutre de l'adjectif πάνθειος, avec πάνθεον, dont on trouve à peine quelques exemples chez les auteurs byzantins. *Pantheus* (avec pénultième brève) est une épithète de certains dieux à attributions multiples et indéterminées, comprenant toutes les fonctions providentielles; πάνθειος au contraire, d'après son étymologie et les habitudes de la langue grecque, correspondait au latin *præ-divus* (3). C'est dans ce sens, plutôt que dans le sens matériel indiqué deux siècles après par Dion-Cassius, que Jordan croit devoir interpréter le nom et l'épithète de ce temple (4); cela dit, arrivons au monument.

(1) Voy. Jordan, p. 4.

(2) Id. p. 5-12.

(3) Id. p. 12-13.

(4) Id. p. 14, Nibby (*Itinerario di Roma*, p. 374) avait de plus fait remarquer un texte de Pline, disant que le Panthéon fut dédié à Jupiter Vengeur. Ce texte doit être rapproché de celui de Dion, non-seulement, comme le dit l'auteur, comme contredisant l'opinion commune, mais

« A l'intérieur, dit M. Duruy (1), ce temple rond étonne par la hardiesse de sa voûte, la plus vaste qui soit au monde et qui paraît reposer sur le sol, comme, aux extrémités de l'horizon, la voûte du ciel semble reposer sur la terre. » Ce que l'auteur exprime là, c'est l'impression produite et non le témoignage des yeux proprement dit, car il ajoute en note : « La voûte ne descend pas jusqu'au sol ; elle s'appuie sur un *podium* ou mur circulaire de 22 mètres 50. » — « Au sommet, elle s'ouvre par un orifice de 27 pieds de diamètre, de sorte que l'énorme masse semble tenir par un miracle d'équilibre ; et le temple tout entier ne reçoit de jour que de la lumière qui descend d'en haut (2). Agrippa voulut évidemment que le premier monument de la Rome nouvelle fût un symbole de l'Univers, dont la Rome d'Auguste occupait la meilleure part...... Malheureusement l'ornementation affaiblissait, par la multiplicité des détails, l'impression de

parce que cette destination rappelle l'idée d'excellence, les épithètes d'Aeternus, Sempiternus, attribuées alors à Jupiter, étant, dit M. Jordan (p. 14) des équivalents de Panthéus.

(1) *Hist. des Rom.* IV. p. 206, 209, (207-8 est une planche.)

(2) Un écrivain de nos jours dont il sera question tout à l'heure pense qu'il n'en était pas ainsi jadis, mais sans en donner aucune preuve.

l'ensemble (1)...... Il faut, bien avouer que cette allégorie en pierre, majestueuse à l'intérieur paraît du dehors écrasée et lourde. On a dit très-bien : une coupole, si vous la regardez du dehors, vous dérobe en tournant une partie de son étendue, parce qu'au lieu de se développer elle s'enveloppe et se montre en raccourci. » (2) C'est pour cela qu'elle gagne beaucoup à être vue à distance et que, comme on l'a dit aussi, en rappelant le mot d'un grand artiste du XVIe siècle, pour apprécier pleinement le Panthéon, il a fallu « le mettre dans les airs, » en le reproduisant au sommet de la basilique de Saint-Pierre.

Cet inconvénient disparaît, mais avec la majesté de l'ensemble, dans le modèle originaire des temples ronds de Rome, c'est-à-dire dans le petit temple de Vesta, comme dans le temple de Mars Ultor ou Bisultor, élevé par Auguste, vengeur de César à Philippes et vengeur de Crassus par l'humiliation des Parthes, temple qui ne se composait que d'une petite coupole (3). Le Panthéon d'Agrippa, au contraire, rappelle par un point l'ordonnance des temples grecs, alors en faveur à Rome : il est précédé d'un pronaos

(1) Nous verrons bientôt que l'ornementation fut refaite ou modifiée plus tard

(2) *Ibid.* p. 209-10.

(3) *Ibid.* p. 211, note 1, et Parker, *The forum Romanum* p. 25 et pl. XXVI.

octostyle, partagé en trois nefs, dont la plus large, celle du milieu, communique seule avec le temple circulaire. (1) Nibby (*ubi supra*) donne à ce pronaos la désignation de portique, qui lui convient en effet, les colonnes de côtés n'étant point, non plus que celles de la façade, reliées par des murs ; cependant *pronaos* est le terme dont se sert Dion Cassius au passage indiqué, sans doute à cause des divisions intérieures, qu'on n'avait pas l'habitude d'introduire dans les portiques, surtout dans le sens de l'axe du temple. L'inscription d'Agrippa, placée sur cette partie même de l'édifice, constate d'ailleurs qu'elle faisait partie, quoi qu'on ait dit, du plan adopté par l'ami d'Auguste et n'est point une addition d'un autre temps (2).

La décoration du temple avait été formée d'éléments grecs, mais modifiés et combinés d'une façon assez originale. « Elle se composait, dit M. Adler (3) de pilastres corinthiens, plus sveltes que de coutume, avec un entablement ionique, exposés sur un stylobate élevé. Les fûts étaient plats, avec des chapiteaux à volutes de bon goût ; ils étaient assis sur de riches bases de style ionique-romain. Les bases et les chapiteaux ressortaient seuls en avant du mur ; les fûts

(1) Voy. le plan dans Nibby et dans Adler *(infra)*.

(2) C'est ce que fait observer l'auteur de l'*Itinerario*.

(3) *Das Pantheon zu Rom*. 1871, p. 4.

aplatis et enclavés étaient unis ; seule, la couleur, par l'opposition entre l'aspect du porphyre et les traits jaunes de la muraille, faisait ressortir le dessin architectonique et la différence entre les murs et leurs appuis. » Huit niches avaient été pratiquées dans l'épaisseur du mur ; deux d'entre elles ont été ouvertes au commencement du XVIe siècle (1). L'auteur croit que des fenêtres, dont il ne reste plus de trace, donnaient du jour dans l'édifice. On trouvera, dans le chapitre suivant, quelques mots sur les travaux ultérieurs de décoration ou de restauration qu'on y fit après Auguste. A cette heure, ce qu'il importe d'ajouter, ce sont quelques observations empruntées au même archéologue sur le procédé de la construction.

Le Panthéon présente, nous l'avons vu, une coupole hémisphérique, largement éclairée par le haut, en d'autres termes, une voûte sans clef de voûte. Son existence pose donc un problème dont les termes sont, en apparence, contradictoires. M. Adler pense que la solution n'en avait pas imaginée par les Romains, bien qu'ils eussent déjà (nous l'avons vu) élevé de petites coupoles (2), mais qu'ils en trouvèrent des modèles en

(1) *Ibid.* p. 5.
(2) *Ibid.* p. 16.

Orient, dans les pays aux gigantesques constructions de briques, pays dont l'art s'était réveillé sous les successeurs d'Alexandre, et où deux siècles venaient d'en accumuler les expériences (1). Mais il reconnaît aussi que la science des grandes voûtes n'est pas ici seulement importée ; qu'elle a reçu à Rome un développement énorme. Octave et Agrippa s'efforcent d'en faire la capitale du monde, et ce développement était, selon l'auteur, le dernier résultat de combinaisons tentées à Pergame dans le IIIe siècle, à Athènes au IIe, et qui se montrent aussi à Rome, dans la façade du théâtre de Marcellus ainsi que dans le Tabularium (2). Tout cela peut être vrai, mais l'œuvre romaine paraît être ici une création véritable, puisqu'elle comporte la solution d'un étonnant problème, et laisse place à un sentiment de sincère admiration.

Il convenait de s'arrêter sur un monument à la fois original et placé, par sa conservation exceptionnelle, à portée d'une étude complète ; d'autant plus qu'il reste peu de chose des autres temples élevés à la même époque. Le temple rond de Mars Ultor, dont il vient d'être question, ne nous a laissé que sa figure plus ou moins correctement tracée sur une médaille d'Auguste. On trouve, dans une inscription chrétienne, l'in-

(1) *Ibid.* p. 16-17, 18.
(2) *Ibid.* p. 18.

dication probable de sa place topographique (1). D'un autre temple, dédié au même dieu avec la même épithète et qui fut élevé sur le Forum d'Auguste, nous avons des restes importants, constatant qu'il était de forme oblongue, suivant l'usage général des temples grecs et romains. Il était octostyle et d'ordre corinthien, bien qu'à cette heure (2) quatre seulement des colonnes de face ne soient pas entièrement ensevelies. La corniche postérieure du temple reposait sur le mur oriental du Forum d'Auguste (3) ; il ne doit donc pas être antérieur, mais il appartient au même principat, puisque le Testament d'Auguste porte ces mots : In privato solo Martis Ultoris templum (f)orumque Augustum (ex mani) biis feci. Le temple de la Concorde, situé à l'angle N.-E. du forum romanum et appuyé par derrière sur l'Aerarium était beaucoup plus ancien car il remontait à la fin du IVe siècle et avait été rebâti l'année de la bataille de Cannes ; mais il fut reconstruit de nouveau par Auguste : l'on y reconnaît, dit Parker (4), des vestiges des trois époques ; l'enceinte, en grosses pierres carrées, est de la dernière. Le *podium* ou ligne des

(1) Parker, *The forum romanum*, p. 18.

(2) Ou du moins en 1876.

(3) Id. *ibid.* et 39. — La forme du temple est donnée par ses substructions, qu'on a retrouvées dans des caves. (*Ibid.*) Cf. Duruy, III. p. 769-70.

(4) *Ibid.* p. 5 et pl. III.

fondements subsiste seul de cette enceinte, mais il a encore quinze pieds de hauteur; il est donc facile d'en examiner l'appareil aussi bien que la forme, tandis que trois colonnes contiguës, surmontées de l'architrave correspondante, permettent d'étudier le mode d'ornementation. Enfin l'identité de ces ruines avec le temple de la Concorde est constatée par l'exacte correspondance de leur forme et de leur emplacement avec ce que nous montre un fragment d'un plan antique de Rome, conservé au Capitole, où se lit au même endroit le mot CONCORDIA (1). Nous trouvons donc ici les éléments d'une étude complète sur la manière dont on concevait et pratiquait, dans la Rome d'Auguste, l'architecture religieuse, quant aux temples gréco-romains. Il est vrai, Nibby nous dit que l'incendie du Capitole, arrivé lors du renversement de Vitellius, s'étendit au temple de la Concorde et qu'il fut réparé par Vespasien (2); mais, quand il

(1) Emile Braun, *Das forum* § IV.

(2) *Itinerario di Roma* p. 152. Cependant Tacite ne parle pas du Temple de la Concorde, quand il raconte l'incendie de celui de Jupiter (*Hist.* III, 71-72), et Suetone ne le compte pas parmi les travaux de Vespasien (*Vesp.* 8-9). Cf. D. C. LXVI, 10, qui dit simplement Τὸντε νέων τὸν ἐν Καπιτωλίῳ εὐθὺς οἰκοδομεῖν ἤρξατο. Il est donc probable qu'il y a eu ici confusion dans les souvenirs de Nibby, de même qu'il semble placer sous Tibère la reconstruction du Temple dont Ovide dit seulement (*Fastes* I, 645-50) qu'elle fut faite à l'occasion des conquêtes du fils de Livie.

en serait ainsi, ce qui nous en demeure ne doit pas appartenir à la réparation du désastre d'un incendie, car le goût des détails qui vont être décrits d'après M. Braun n'est point celui que nous trouverons plus loin comme appartenant au siècle des Flaviens et des Antonins. C'est un motif de plus de ne pas attribuer, comme on l'a fait souvent, les trois colonnes au temple élevé en mémoire de Vespasien lui-même, entre celui de la Concorde et celui de Saturne (1).

« L'ornementation du temple de la Concorde, dit Braun (*ubi supra*), est également riche et affranchie de surcharge inutile. Les trois faces de la traverse principale (Hauptbalken) sont bordées et garnies, du haut en bas, d'un cordon de perles, d'une baguette d'oves et d'une bordure d'arabesques. Puis vient la partie lisse de la frise, sur laquelle court une guirlande de feuilles; au-dessus est un large filet dentelé ; perles et oves ressortent gracieusement dans les ombres, et de charmantes consoles soutiennent le chambranle. »

(1) Une autre confusion a été produite par le fait que Servius place ces deux derniers l'un tout près de l'autre, empruntant ce détail à un grammairien qui écrivait avant qu'ils fussent séparés par le temple de Vespasien. Cette remarque, précieuse pour le classement des monuments capitolins, est donnée par M. Braun comme appartenant à M. Sachs. (*Geschichte und Beschreibung der alten Rom.*)

Un peu plus loin l'auteur ajoute : « Le soubassement du temple témoigne du mode grandiose de sa construction, parfaitement adaptée à la position qu'il occupe. C'est un noyau de briqnes, percé de voûtes, revêtu de ciment et de pierres de pépérin taillées. Aux angles, elles sont fortifiées par des blocs de travertin, recouvert de plaques de marbre. »

Cette mention de l'emploi du marbre pour un revêtement partiel doit être rapprochée de ce fait que le mausolée d'Auguste, grosse tour, aussi large à la base qu'elle était haute, et formée de trois étages en retrait, dont chacun était couronné d'une plantation de cyprès, était aussi entièrement recouvert de marbre blanc (1). On doit en rapprocher aussi le témoignage de Pline (xxxvi-24), cité par M. Duruy, que 400 colonnes de marbre décoraient les édifices élevés pendant l'édilité d'Agrippa (2). L'aspect des monuments changeait ainsi, et ce n'est pas tout à fait au figuré qu'il faut prendre le mot attribué à Auguste qu'il avait trouvé Rome de briques et qu'il l'avait laissée de marbre (3),

(1) Duruy. *Hist. des Rom.* T. IV, p. 210-11. L'auteur ajoute : « Au sommet, la statue d'Auguste dominait un petit temple rond, où se trouvait l'urne qui devait recevoir les cendres de l'empereur. » — On peut donc classer ce mausolée parmi les monuments religieux de l'époque.

(2) *Ibid.* T. III, p. 762.

(3) *Ibid.* T. IV, p. 211.

surtout si l'on se rappelle l'observation faite plus haut sur les matériaux employés pour les constructions élevées précédemment dans le Latium.

On ne saurait omettre ici la mention du temple de Rome et d'Auguste, à Ancyre (Angora), dans l'ancienne Galatie, devenue province romaine sous Auguste lui-même (1).

On en trouvera la description, faite par M. Guillaume, dans la *Revue archéologique* de décembre 1871 et janvier 1872, et surtout dans le grand ouvrage de MM. Perrot et Guillaume sur leur mission archéologique en Galatie; il ne peut d'ailleurs être question ici que d'en signaler les traits essentiels, pour faire connaître, par un exemple appartenant à l'époque la plus florissante de l'empire, ce qu'était, dans une province orientale, un monument du culte officiel.

Ce temple, construit en marbre, avec des fondations en pierre (2), est orienté du N. E. au

(1) C'est sur les murs de cet édifice que l'on a trouvé, en grec et en latin, le texte de la fameuse inscription résumant les faits d'administration d'Auguste et dans laquelle, ainsi que les anciens rois de l'Orient, il parle à la première personne. On l'appelle tantôt le testament d'Auguste, tantôt le monument d'Ancyre.

(2) Cependant le marbre ne comprend que la moitié extérieure de l'épaisseur du mur ; voy. *Revue archéol.* 1872, T. I. p. 29-30. On a eu soin de donner aux blocs une hauteur à peu près uniforme; mais ils diffèrent beaucoup en longueur.

S. O. (1); les murs latéraux sont terminés par des *antes* ou piliers en saillie; le mur transversal, séparant le *naos* ou *cella* du pronaos, est conservé, ainsi que la belle porte qui établit la communication entre ces deux parties de l'édifice. Ce temple avait aussi un opisthodome ou second pronaos à l'opposite du premier; le mur transversal qui le séparait du naos est détruit, mais les traces ou *arrachements* en sont bien visibles sur les murs latéraux. Il ne reste rien des portiques qui ont dû entourer le temple ou tout au moins le précéder; mais on peut les reconstruire par la pensée, en assimilant aux antes qui subsistent les colonnes qui ont disparu (2) et qui devaient leur ressembler, sauf la différence du pilastre à la colonne. « Leur proportion (3), dit M. Guillaume (4), indique que l'ordre des portiques était très-svelte et semblable à celui du temple de Vesta, à Rome,

(1) La façade principale regarde le N. O; Vitruve demande, nous l'avons vu, qu'elle soit à l'occident de l'édifice; l'ancien art grec pratiquait habituellement la coutume opposée. La façade du Panthéon est au Nord, celle du temple Mars Ultor, au S. O. et celle des temples situés au pied du Capitole au S. (*Ibid.* p. 37-8).

(2) M. Guillaume pense qu'elles ont été transportées à Constantinople.

(3) Celle des antes.

(4) *Revue archéol.* 1870-1 p. 354-5 du 1er volume.

qui a onze diamètres (1) ; elles diminuent (2) d'une manière très-accentuée, de près d'un sixième. Les chapiteaux étaient composites ; les ornements en ont presque disparu. Celui sous lequel est gravée la longue inscription dédicatoire a conservé, sur la face qui regarde le pronaos, les traces du torse et de l'aile d'une Victoire qui en formait le centre. A l'autre extrémité du mur, la face du chapiteau qui regarde la mosquée (3) a conservé les mêmes vestiges ; tous deux ont encore aussi une partie de la moulure ornée de trèfles qui surmontait également le rinceau dont la muraille est couronnée, dans les pronaos et sous les portiques latéraux ; les rinceaux prenaient naissance des chapiteaux même, et, près de leur départ, d'autres Victoires ailées étaient assises sur les premiers enroulements. » On voit

(1) Onze diamètres du bas de la colonne, comme mesure de sa hauteur ; c'est un peu plus que le corinthien, le plus élancé des ordres grecs proprement dits, dont le fût a dix diamètres de hauteur.

(2) Du bas au haut du fût.

(3) Construite auprès du temple et dont l'angle atteint le mur du pronaos. Le temple lui-même avait été transformé en église, ce qui avait nécessité l'ouverture de trois fenêtres et probablement l'enlèvement du second mur transversal ; le chœur avait dû être placé dans le pronaos postérieur et peut-être s'étendre dans le portique de ce côté, le reste de l'édifice étant ouvert aux fidèles, tandis qu'au temps du paganisme le peuple n'assistait *dans* le temple à aucune cérémonie. Voy. p. 350-1, 355 de la *Revue archéologique*.

combien nous sommes éloignés du Parthénon et du Capitole.

Les murs étaient à bossages, dont on avait abattu un certain nombre, tant au pronaos qu'à l'extérieur, pour obtenir la surface continue réclamée par la gravure de l'*Index rerum gestarum* d'Auguste. La porte dont il a été question est décorée d'une frise bombée ; les pieds-droits en sont inclinés ; le seuil terminait une série de degrés montant du pronaos dans le naos. Quant à la cella, la décoration en était fort simple, à cause du fait rappelé en note, que les cérémonies du culte s'accomplissaient à l'extérieur. « La moulure, presque partout détruite, qui reposait sur le sol, est simple et sans ornement ; la même assise qui porte le méandre extérieur offre à l'intérieur un bandeau tout uni ; le chambranle de la porte, si finement sculpté au dehors, est, dans la cella, d'une simplicité que peut seule égaler la rudesse du larmier qui en forme le couronnement. L'assise qui porte au dehors le rinceau présente à l'intérieur une architrave assez sobre, sur laquelle reposaient sans doute les poutres du plafond. Les bossages n'existent que sur treize assises ; puis vient une élégante corniche de profil grec, au-dessous de laquelle étaient sculptées des guirlandes dont il ne reste que les attaches (1) ». Des fouilles ont montré que la

(1) Voy. p. 355-6. Pour les dessins, la *Mission de Galatie*, pl. 14-20, 23, 30, et Duruy T. IV. p. 154-5. Les *cham-*

décoration était la même dans les deux pronaos.

Terminons ce paragraphe par quelques mots sur les édifices sacrés d'un municipe italien conservé jusqu'à nous sous la cendre du Vésuve, c'est-à-dire de Pompéï. On en connaît déjà un certain nombre, et je vais décrire sommairement ici celui du forum, déjà attribué, il y a une vingtaine d'années, à Jupiter, à cause d'une tête colossale de ce dieu qu'on y a trouvée, celui de la Fortune et celui d'Isis (1). Le premier est élevé de trois degrés au-dessus d'un stylobate (*pulpitum*) ou plate-forme, auquel on arrivait par un escalier de dix marches. L'édifice se composait d'un pronaos d'environ 15 mètres sur 12 et d'un naos de même largeur, long de 18 m. 1/2, séparé du pronaos par un mur percé d'une porte : ce temple n'avait pas d'opisthodome. On reconnaît, dans le pronaos, les bases de douze colonnes corinthiennes :

branles sont les encadrements des portes ou des fenêtres ; les *pieds-droits* sont la partie des jambages qui contiennent le chambranle ; les *rinceaux* sont des sculptures, recourbéee ou enroulées, empruntées à l'ordre végétal ; ici et ailleurs on pourra, pour les termes d'architecture ancienne, consulter la Ve partie de mes *Institutions de la Grèce antique*, surtout le chapitre II.

(1) Voy. les pages 14-21 du troisième volume d'une publication intitulée *Chefs-d'œuvre de l'art antique* et contenant diverses antiquités de la Grande-Grèce. J'ai rédigé le texte des volumes II et III. C'est à tort qu'on m'a attribué celui du premier.

six de face et quatre de côté (celles des angles comptant pour les deux séries), à entre-colonnements égaux. Dans l'intérieur de la cella, se trouvaient, à droite et à gauche, huit colonnes ioniques, dont les files se terminaient sans doute par des pilastres de cet ordre adossés aux murs d'entrée et du fond. Au-dessus, selon le système de construction adopté pour les basiliques, un second rang de colonnes formait une galerie, à laquelle on arrivait par un escalier. Ce temple ne donnait pas directement sur le forum de Pompéï ; il en était séparé par un petit vestibule, une cour ou *area*, non environnée de portiques, et une enceinte ou péribole, enfermant tout le terrain sacré. Stylobate et cella étaient revêtus de marbre. Suivant l'usage, la statue, dont on voit encore le piédestal, était dans l'intérieur du temple, et l'autel à l'extérieur.

Le temple de la Fortune Auguste est élevé aussi sur un stylobate, mais n'a point de pronaos : la cella était seulement précédée d'un portique tétrastyle, en marbre blanc, avec entre-colonnements égaux. Au fond du temple, était une sorte d'abside à courbe très surbaissée, garnie de deux pilastres corinthiens et précédée de deux colonnes. Dans l'épaisseur du mur, à l'intérieur de la cella, on avait ménagé quatre niches revêtues de marbre et destinées à des statues, dont deux ont été retrouvées. L'autel est au bas du stylobate. Il reste peu de chose de ce temple ; mais la précision des lois auxquelles était soumise la construction et la décoration des temples de l'antiquité classique permet toujours d'en reconstituer le plan avec des éléments peu nombreux.

Le temple d'Isis, dont la destination, comme celle du précédent, est constatée par une inscription et qui est beaucoup mieux conservé, est en briques revêtues de stuc ; sa longueur est la même que celle du temple du forum, mais il est plus large. Bien qu'il fût dédié à une divinité égyptienne, dont le culte était alors répandu en Occident, il ne faut pas s'attendre à y trouver un système appartenant en propre à des édifices orientaux. Sauf un réduit voûté, c'est un temple dorique à quatre colonnes et deux piliers de face, formé d'un pronaos et d'un naos. L'area contenait quatre autels et des figures égyptiennes.

Ces pages pourront suffire pour donner aux lecteurs une idée juste des rapprochements à établir et des distinctions à faire entre les monuments des temps classiques de la Grèce et les monuments gréco-romains. Mais, ainsi qu'on l'a remarqué plus haut, l'architecture romaine est surtout originale dans les monuments civils, et il nous en reste un assez grand nombre de la période impériale pour que la science archéologique en ait pu faire une étude approfondie. Il s'agit maintenant d'en constater les principaux résultats.

§ 3. — Monuments civils.

En général ces monuments appartiennent aux divers ordres de travaux que nous avons vus exécutés par les Romains des générations précédentes ; seulement, ils sont moins ruinés et demeurés en plus grand nombre ; nous en avons des spécimens dans presque tous les genres, et surtout nous pouvons étudier maintenant l'architecture domestique. Au temps d'Auguste cependant appartiennent des édifices nouveaux, dont l'introduction, à cette époque, dans l'architecture romaine, ressemble à une ironie amère. Sous le VIIIe consulat d'Auguste, cinq ans après la bataille d'Actium, Agrippa consacra, dans le champ de Mars, ce que l'on appelle les *Septa*. C'était une enceinte monumentale destinée aux votes populaires pour les élections par tribus, formée de portiques élevés par Lepidus et enrichie par Agrippa lui-même de plaques de marbre et de peintures (1). Dix-neuf ans après, Tibère, alors consul, fit réparer le temple de la Concorde, afin d'y pouvoir inscrire le nom de son frère et le sien, après leurs campagnes réellement brillantes et profitables dans la haute Illyrie ; il consacra une enceinte au nom de Livie, sa mère, et Auguste livra au peuple le *Diribitorium*. « C'était, nous dit Dion-Cassius, » le plus vaste édifice couvert qui ait jamais été

(1) D. C. LIII, 23.

» construit, et, maintenant que la couverture en » est tombée, on se demande avec stupeur comment elle a pu subsister. Agrippa l'avait laissé en » voie d'exécution; c'est alors qu'il fut achevé (1). » Or ce monument, son nom l'indique, était destiné aussi à recueillir les suffrages dans les votes populaires. Comme le Panthéon, c'était un prodige de difficulté vaincue ; comme lui, c'était un hommage, éblouissant pour les yeux, à une majesté déchue. Le peuple n'en sentit point l'ironie : il avait du pain et des spectacles.

Ce fut entre l'inauguration des deux monuments dédiés à la majesté populaire qu'eut lieu celle des théâtres de Balbus et de Marcellus (2). Ce dernier subsiste encore en partie, bien qu'occupé à l'intérieur par des constructions modernes ; il est revêtu en dehors d'un double étage d'arcades, doriques en bas, ioniques en haut ; on dit qu'elles ont été surmontées d'un rang d'arcades corinthiennes, dont il ne reste pas de vestige. Ce théâtre, revêtu de gros blocs de travertin, pouvait contenir 30,000 spectateurs (3).

(1) Sous le consulat de Tibère et de Pison.
(2) *Ibid.* LV, 8.
(3) *Ibid.* LIV, 25-6.
(4) Nibby, *Itinerario*, p. 421, avec vue et plan. V. aussi le dessin, sur plus grande échelle, d'une petite portion de ces arcades, à la page 137 du IVe volume de M. Duruy.

Les théâtres romains avaient, dans leur ensemble, une ressemblance incontestable avec les théâtres grecs, décrits aux pages 219-21 de mes *Institutions de la Grèce antique* ; cependant il y a des différences, et je ne puis mieux les indiquer que par l'analyse de ce qu'en dit M. Witzschel, dans la suite de l'article auquel j'ai fait des emprunts pour la précédente étude (1), et en combinant ces données avec quelques chapitres de Vitruve (V, 5, 6, 8), qui d'ailleurs ont, en partie, fourni la matière de l'article lui-même. Pour dresser le plan d'un théâtre romain, on inscrivait dans un cercle un triangle équilatéral, dont un côté déterminait le fond de la scène (die Fronte oder hintere Wand der Scene). Une parallèle à cette ligne, menée par le centre, séparait le *proscenium* (2) de l'orchestre ; il en résulte que l'orchestre romain était notablement plus petit que celui des Grecs, eu égard, bien entendu, aux dimensions générales du théâtre. Mais l'orchestre des Romains n'était point destiné,

(1) Article *Theatrum*, dans la *Real-Encyclopedie der classischen Alterthums-Wissenschaft* de Pauly, 1852. T. VI.

(2) Ou avant-scène — Le *postscenium* était dissimulé aux spectateurs. C'était un ou plusieurs appartements, réservés derrière la scène pour revêtir les costumes ou mettre en jeu les machines.

comme celui des Grecs, à des évolutions du chœur, que leur théâtre ne connaissait pas (les Tragédies de Sénèque n'ont point été faites pour la représentation). C'était, à Rome, la place réservée aux sénateurs; on y admit aussi les ambassadeurs étrangers. Derrière eux, entre l'orchestre et la *cavea*, occupée par le commun des spectateurs, était un *podium* ou estrade, assez large pour contenir plusieurs rangs de sièges, qui formaient des places d'honneur : ce fut le lieu destiné aux chevaliers, depuis la loi *Roscia theatralis*, promulguée au temps de Pompée. La scène ne devait pas s'élever à plus de cinq pieds au-dessus de l'orchestre, afin qu'on n'y perdît rien du jeu des acteurs. Quant aux bancs en amphithéâtre de la *cavea*, ils formaient, chez les Romains, un demi-cercle, tandis qu'ils le dépassaient aux deux extrémités chez les Grecs. Derrière et au-dessus du dernier rang régnait une colonnade couverte, imaginée à Rome, non-seulement pour compléter la décoration du théâtre, mais pour donner, pensait-on, plus de portée à la voix des acteurs. La longueur de la scène, qui formait un carré long, était double du diamètre de l'orchestre, et par conséquent s'étendait à droite et à gauche, latéralement à la *cavea*. Le mur extérieur de la scène était ordinairement décoré de colonnes, ainsi que nous l'avons vu pour le théâtre de Marcellus, et aussi de trois tours, dit M. Witzschel. Les *cunei* ou divisions de la *cavea*, n'étaient pas tous égaux, (1) mais ils se correspondaient symétriquement des deux côtés du cuneus central. Il n'y avait pas de règle fixe quant au nombre des *præcinctiones* ou paliers, séparant les étages de gradins ; chacun de ces étages devait avoir ses dégagements distincts pour l'entrée et la sortie.

Mais ni les soins des architectes, ni le raffinement de commodité qui faisait étendre un voile au-dessus des spectateurs, pour les préserver du soleil ou des intempéries ne pouvaient amener le peuple romain, et surtout ce qui formait, au temps de César et d'Auguste, le peuple de Rome, à chercher au théâtre ces jouissances intellectuelles qui faisaient les délices du peuple athénien. Quand un seul théâtre comprenait tant de milliers de spectateurs, on ne pouvait espérer y trouver une société intelligente et polie. On connaît les vers d'Horace :

Sæpe etiam audacem fugat terretque poetam
Quod numero plures, virtute et honore minores,
Indocti stolidique, et depugnare parati
Si discordet eques, media inter carmina poscunt
Aut ursum aut pugiles : his nam plebecula gaudet.

(1) C'est du moins ce qu'a remarqué Witzschel. Vitruve indique cependant cette égalité comme étant la règle, et la position des cunei comme déterminée par les sommets de quatre triangles équilatéraux inscrits et également espacés dans la circonférence totale.

Aussi le vrai spectacle des Romains, c'étaient les jeux sanguinaires de l'amphithéâtre, les combats de bêtes et de gladiateurs, prisonniers de guerre, esclaves ou condamnés, dont Titus et Trajan furent si prodigues, et qui contribuèrent sans doute à obtenir au premier le titre de *Délices du genre humain*, au second celui d'*Optimus* (1).

Le type des amphithéâtres, c'est le Colysée (Colossæum) ou amphithéâtre Flavien. Il semble donc que l'étude de ce genre de monuments appartienne plutôt au chapitre suivant ; mais il n'y a pas de différence essentielle entre ceux des différentes époques, et le premier amphitéâtre permanent, construit en pierre, remonte à l'année qui suivit la bataille d'Actium (2). Ces sortes de monuments se multiplièrent singulièrement, surtout en Italie, en Gaule, en Espagne ; beaucoup moins en Grèce, et peu ou point dans ce pays avant le second siècle de l'empire (3). Au temps de Néron, on en voit deux à Rome,

(1) Suet., in Tito, 8; D. C. LXVI. 25, LXVIII,10, 15; *Panég. de Trajan*, 33.

(2) Voy. C. Thierry, dans le *Dictionnaire* de Daremberg et Saglio, Art. *Amphitheatrum*. Il ajoute : « L'on doit supposer que la pierre n'y était que partiellement employée, car il fut atteint, sous Néron, par le grand incendie de Rome (D. C. LXII, 18) ; il n'en est fait mention nulle part depuis. » (p. 241).

(3) *Ibid*, p. 241-2.

l'un en bois, l'autre en briques (*amphitheatrum castrense*) ; les ruines de celui-ci subsistent encore. Presque tous les amphithéâtres connus sont de forme elliptique. Un certain nombre ont été creusés en partie dans le sol de collines ou de montagnes, auxquelles ils sont adossés; celui de Sutri est même entièrement creusé dans une hauteur (1). Les matériaux des construction varient. « Le marbre, la pierre de travertin, le tuf et la brique entrèrent dans la construction du Colysée. La façade des portiques extérieurs était composée de pierres liées par des crampons de fer ; de tuf et de briques étaient faits les murs intérieurs et les voûtes. A Vérone, à Capoue, à Nîmes, la pierre est employée avec autant de profusion qu'au Colysée;.... les amphithéâtres de Bordeaux et de Saintes sont en petits matériaux, bloqués avec du mortier et reliés par des assises en briques (2). »

Mais, seul peut-être, le Colysée est assez bien conservé pour qu'on puisse en bien juger les détails. Les axes de la construction totale mesurent 188 et 156 mètres ; l'arène seule 76 et 46, et, ce qu'on a peine comprendre, les dimensions de l'amphithéâtre de Pouzzoles (3) étaient à

(1) *Ibid.* p. 242.

(2) *Ibid*, p. 242-3.

(3) Voy. dans Duruy (IV, 73), un dessin des restes de ce monument.

peu près égales (190 et 144^{m}) : il est vrai que cette ville était, en quelque sorte, un port de Rome. Le revêtement extérieur du Colysée forme quatre étages de galeries, dont trois décorés de demi-colonnes ou colonnes engagées dans le mur, et offrant, du bas en haut, d'abord les trois ordres grecs : dorique, ionique et corinthien, dans leur ordre d'élancement, qui peut être appelé normal, le plus large étant le plus près de terre : la quatrième galerie est ornée de pilastres corinthiens, appuyés sur un mur continu, percé seulement de fenêtres rectangulaires. Dans les substructions, cinq galeries parallèles au mur extérieur conduisaient aux escaliers des gradins. Aux deux extrémités du grand axe, d'autres galeries conduisaient directement à l'arène, et, aux deux extrémités du petit axe, des arcades conduisaient à deux tribunes, dont une était réservée à l'Empereur. L'arène était entourée d'un podium à face revêtue de marbre, assez élevé pour que les bêtes féroces ne pûssent sauter par dessus le grillage qui en formait le couronnement; ce podium renfermait les sièges des grands magistrats, des vestales et des personnages de distinction; à Pompéi et à Nîmes, il était divisé en loges. Deux *praecinctiones* divisaient les gradins des spectateurs en trois *maeniana*; chacune des præcinctiones était garnie d'un *balteus* ou mur d'appui ; un troisième balteus séparait le podium des gradins les plus bas. On appelait *vomitoria* les ouvertures qui faisaient communiquer les præcinctiones avec les galeries des substructions ; elles servaient à l'entrée et à la sortie des spectateurs (1).

Nous avons dit quelques mots des Cirques, destinés spécialement aux courses ; il suffira d'ajouter ici que le grand cirque de Rome fut agrandi par Néron jusqu'à pouvoir contenir, selon Pline, 250,000 spectateurs, et que la décoration ainsi que l'aménagement en correspondaient à celui de l'amphithéâtre. Ce grand cirque paraît avoir été cerné, comme l'arène du Colysée, comme les cirques de Bovilles et d'Orange, par deux præcinctiones (2); au milieu de l'arène, une *spina* (petit mur en plate-forme) s'étendait sur presque toute la longueur ; elle était terminée par la *Meta*, espèce de cône très allongé ; la spina séparait les voies d'aller et de retour des chars.

Le portique d'Octavie, sœur d'Auguste, élevé par l'Empereur lui-même et qui est surtout connu aujourd'hui par un fragment du plan antique de Rome, entourait à la fois les temples de Jupiter et de Junon, jadis bâtis par Metellus Macedo-

(1) V. le Dictionnaire, p. 243-7, avec dessin et plan. — Et Nibby, p. 192-99. V. aussi, dans Duruy, IV, les dessins des p. 651, 671. Nibby fait remarquer (p. 193-94) qu'il y avait primitivement des parties en bois, mais que, par suite d'un incendie, au commencement du IIIᵉ siècle, elles furent refaites en pierre.

(2) Voy. p. 1187-8 du dictionnaire cité.

nicus, et l'*area* commune à ces deux temples. Ce portique formait un parallélogramme à double rang de colonnes, dont on fait monter le nombre à 270, et il était décoré de statues et de peintures. Il était sans doute couvert en bois, puisqu'il fut, dès le premier siècle, détruit par un incendie. Il en subsiste encore des restes qui permettent de reconnaître une des principales entrées : celles du dedans et du dehors se correspondaient par une décoration semblable, formée de quatre colonnes cannelées en marbre blanc et de deux pilastres d'ordre corinthien, soutenant une corniche que surmontait un fronton ; quelques colonnes de ce portique sont encastrées dans des murs de maisons (1). Ce portique était bâti sur le bord d'une plate-forme oblongue, avec une fontaine à chaque angle, Au centre de la plate-forme, il y avait une construction que l'on reconnaît avoir été carrée, avec un carré plus petit en dedans et un cercle à l'intérieur. (2)

Cette magnificence était assurément inouïe dans Rome ; mais la construction d'un portique

(1) Nibby *Itinerario*, p. 419-20. — La restitution publiée par M. Duruy (T. IV. p. 245) nous montre l'ordre corinthien dans les colonnes de la façade et dans celles des galeries ; la façade est élevée sur un stylobate de trois degrés.

(2) Voy. dans Parker, *The Via sacra in Rome*, p. 86 (suite du Forum Romanum.) Les deux ensemble forment le second vol. de *l'Archæology of Rome*.

n'y était pas une création nouvelle de l'art. De même les aqueducs et la basilique (1) qui appartiennent à cette époque n'offrent que des applications nouvelles de systèmes connus; une application plus hardie était l'entreprise qui, un peu avant la bataille d'Actium, avait amené à Rome l'*Aqua Julia* par un canal superposé à l'*Aqua Tepula*, superposée elle-même à l'*Aqua Marcia;* deux autres canaux encore amenèrent dans d'autres quartiers *l'Aqua Virgo* et *l'Aqua Alsietina* (2), et il ne faut pas oublier que ces grandioses et utiles travaux ne furent pas bornés à la capitale. On en a trouvé en Espagne comme en Italie, dans l'Asie mineure comme dans la Gaule; là où le conduit était élevé au-dessus du sol, il était construit soit en pierres, soit en maçonnerie, et revêtu d'un enduit de chaux et de sable, mêlés de tuiles pilées ou de cailloux de petite dimension, que l'on appelait *opus signinum*. Certains d'entre ces monuments ont quelque chose de gigantesque. L'aqueduc de Ségovie, construit en pierres de

(1) Voy. pour la Basilique Julia, la fin du § 1er du présent chapitre.

(2) Voy. les pages 339 et 341 du *Dictionnaire* de Daremberg et Saglio. L'auteur de cette étude, M. C. Thierry, ajoute : « Deux aqueducs plus importants encore, *l'Aqua Claudia* et *l'Anio Novus*, furent ajoutés aux sept que Rome possédait déjà : L'un et l'autre furent commencés sous Caligula et achevés sous Claude. » Voy., dans Duruy, T. IV p. 407, le dessin de l'un de ces aqueducs.

taille sans ciment, a 66^{m} de haut ; il est à deux rangs d'arcades superposées, qui n'ont pas moins de 5^{m},72 d'ouverture ; celui de Nîmes (le fameux pont du Gard) s'élève sur trois rangs d'arcades (1).

Enfin des arcs de triomphe furent élevés, en divers endroits, pendant le siècle d'Auguste ; mais ces arcs étaient devenus un motif général d'architecture commémorative : ce n'était plus essentiellement un monument de victoire. L'arc de Rimini fut élevé en souvenir de la réparation des routes d'Italie, et spécialement de la voie Flaminia, dont l'empereur s'était réservé les travaux ; c'est ce que constate l'inscription qu'on lit encore sur le fronton de l'arc (2). Il n'a maintenant qu'un *fornix* (porte voûtée) ; mais il paraît qu'on y remarque certains vestiges d'arrachements d'arcs latéraux (3), et que par conséquent il y avait trois portes. Il en est certainement ainsi de l'arc d'Orange (la porte centrale étant de beaucoup la plus haute et la plus large) ; mais ceux d'Auguste à Suze, celui de Drusus et même celui de Titus à Rome, décoré des trophées de son triomphe sur les

(1) *Ibid.* p. 340-2 Duruy ; IV. p. 424 ; cf. 59.

(2) Voy. Borghesi, *Sulle medaglie di Augusto, rappresentanti l'arco di Rimini.* (Tome II des Œuvres complètes p. 361-3 ; les textes de Suétone et de Dion-Cassius y sont donnés.

(3) *Ibid.* p. 365 et 371, note.

Juifs, n'ont réellement qu'une porte. L'arc d'Orange est le seul de ceux-là qui soit décoré d'un fronton. Pour les colonnes adaptées à la façade, on préférait l'ordre corinthien ; l'arc de Suze est le seul où l'on remarque une frise enrichie de sculptures compliquées et bien conservées. C'est aussi le seul qui, en raison de son épaisseur, ait quatre colonnes sur les côtés, outre les quatre colonnes de face. Tous d'ailleurs sont surmontés d'une haute architrave; c'est là qu'on posait l'inscription (1).

(1) V. les dessins dans Duruy T. III p. 185, et IV p. 53, 119, 325 ; 635, cf. Nibby, p. 181-2, 456-7. Borghesi fait remarquer, p. 366, à propos de l'arc du pont Milvius, qui lui paraît reproduit sur une médaille, qu'il est à deux ouvertures, pour les voyageurs dans les deux directions, et qu'il en est ainsi de plusieurs portes romaines. On en voit un exemple, pour Rimini, dans Duruy, p. 328.

CHAPITRE V

L'ARCHITECTURE DOMESTIQUE AU TEMPS DE L'EMPIRE

Les Thermes pourraient servir de transition entre les monuments publics et l'architecture domestique, puisqu'il y en eut, à Rome, pour l'une et l'autre destination ; mais il ne subsiste là aucun bain public qui appartienne au premier siècle de l'empire. C'est donc dans le dernier chapitre de cette quatrième partie qu'il sera dit quelques mots de ce genre d'édifices : nous n'avons à parler en ce moment que des habitations privées pour lesquelles les documents abondent et surabondent dans les fouilles de Pompéi et aussi dans celles du Palatin.

Ces derniers mots peuvent paraître assez étranges, quand on sait que, sous l'empire, le Palatin fut occupé presque tout entier, sauf le temple d'Apollon, par les palais impériaux et leurs dépendances. Cependant les restes de la demeure d'Auguste, mis au jour en 1775 par l'abbé Rancoureil et dont l'architecte Barberi dressa le plan (1), rentrent parfaitement dans

(1) Boissier. *Promenades archéologiques, Rome et Pompéi* p. 68-9.

l'étude de l'architecture domestique, le fondateur de l'empire ayant affecté, dans sa vie privée comme ailleurs, le maintien de la tradition républicaine. Sa demeure (*palatium*, édifice bâti sur le Palatin, car originairement ce mot ne signifiait pas autre chose) « contenait, dit M. Boissier, une cour intérieure ou péristyle, entourée de colonnes, sur laquelle s'ouvraient les divers appartements du palais. Ces appartements se composaient d'une série de pièces rondes, carrées, rectangulaires, qui se répondent assez exactement entre elles, et où l'architecte semble avoir cherché à unir la variété à la symétrie. On y trouva même deux salons octogones..... Ce qui causa d'abord quelque surprise, ce fut de voir que, si ces salles ou ces chambres sont nombreuses, elles sont en général assez étroites, et qu'aucune ne paraît avoir une étendue suffisante pour servir à des réceptions officielles ; mais Auguste, on le sait, affectait de vivre chez lui comme un citoyen ordinaire... » (1) Nous savons d'ailleurs, par les fouilles de Pompéi, que, dans les demeures des particuliers, même fort aisés, les appartements étaient de dimensions singulièrement exiguës, telles que, pour expliquer tant bien que mal cette singularité, il a fallu se souvenir que, dans l'ancienne Italie, on vivait dehors bien plus que chez nous. M. Boissier pense aussi que Tibère occupa une ancienne ha-

(1) *Ibid*, p. 69-70.

bitation de sa famille et la fit seulement agrandir (1).

Une cour intérieure, environnée d'appartements qui s'ouvraient sur elle, était, nous le reconnaîtrons, le système général d'architecture usité pour les familles riches, comme il l'était pour la résidence d'Auguste ; mais les fouilles du Palatin nous ont fourni récemment, dans une des peintures de la maison de Livie, des données plus étendues sur l'architecture des Romains. Elles ont été étudiées, dans la *Revue archéologique* de 1870-71, par MM. Léon Renier et Georges Perrot, dont M. Boissier a résumé le travail aux pages 81-85 de son ouvrage ; il me suffira de tirer de ces trois études les détails nouveaux relatifs au sujet qui nous occupe en ce moment.

La maison elle-même a été reconnue par M. Renier pour avoir été la résidence de Livie, après la mort de son mari, d'après les inscriptions d'une conduite d'eau, trouvée dans un couloir souterrain, communiquant avec l'ancien palais de l'empereur ; palais qui avait été transformé en sanctuaire en l'honneur d'Auguste divinisé et dont sa veuve voulût être la première prêtresse. L'inscription, plusieurs fois répétée, porte IVLIAE AUG. Or Iulia est le nom qu'elle avait pris ou reçu en qualité d'héritière d'Au-

(1) *Ibid*, p. 75.

guste (pour un tiers); Auguste lui-même avait été jadis adopté par Jules César sous le nom de Iulius Octavianus.

Le plan de cette maison, conservée jusqu'à la hauteur du premier étage, est donné par l'auteur à la planche XIV du premier volume de 1870; il nous offre le type que nous verrons reproduit plus où moins fidèlement dans les demeures opulentes de Pompéi. A l'entrée, un *atrium*, salle où étaient reçus les visiteurs; au fond, un *tablinum* ou galerie de tableaux, ayant à droite et à gauche des appartements moins larges, *alae*, communiquant, comme lui, avec l'*atrium*; puis un péristyle, sur lequel ouvrent trois séries de petits appartements, dont l'une le sépare des pièces déjà nommées; les deux autres s'étendent à droite et à gauche. Ce péristyle communique avec une allée extérieure, qui sépare de tout ce que nous venons d'énumérer une suite de pièces d'un caractère différent. Parmi elles, en effet, on a reconnu, à partir de l'extrémité correspondant à l'*atrium* et dans l'ordre suivant: le *triclinium* ou salle à manger, *l'hospitium* (chambre d'amis), les bains, et aussi, à l'extrémité opposée au *triclinium*, deux chambres n'ouvrant que sur le dehors et que l'on désigne sous le nom de boutiques, *tabernae*; de même, à Pompéi, certaines maisons avaient des pièces tout à fait indépendantes de l'habitation et exploitées de cette façon par les propriétaires.

Mais, si le plan de la maison de Livie ne nous offre qu'une variante de ce que nous voyons ailleurs, il n'en est pas de même de l'une des peintures murales conservées sur le stuc du tablinum (1). Elle figure une fenêtre ouverte sur une rue. Or, dans la représentation de la fenêtre et surtout dans celle des maisons de la rue, nous trouvons enfin le moyen de nous faire une idée précise de l'architecture privée, à cette époque, dans son aspect extérieur. « Ce qui fait certainement le principal intérêt de ce tableau, dit M. Georges Perrot (2), ce sont les renseignements qu'il nous fournit sur la disposition des étages supérieurs des habitations romaines. Or on sait que c'est là justement ce que ne nous donne point Pompéi, où on n'a retrouvé que de faibles débris des étages supérieurs, et où les maisons étaient bien moins élevées qu'à Rome.... Ce que nous pouvons regretter, c'est que la partie comprise dans le champ du tableau ne dépasse pas le second étage, c'est que nous ne voyions pas comment la construction s'amortissait et quelle espèce de toiture la surmontait. » Mais, telle qu'elle est, il convient de faire connaître cette peinture par la reproduction presque inté-

(1) Les autres représentent des sujets mythologiques ou des scènes de la vie romaine, très probablement des rites d'incantation, comme le pense M. Perrot.

(2) *Revue archéol.*, août 1870, p. 157 du volume.

grale de ce qu'en dit un peu plus haut M. Perrot (1).

« Il n'y a point ici moyen de se tromper sur l'intention du décorateur : il a supposé une fenêtre ouverte, telle qu'elle se présenterait au visiteur venant de l'Atrium. Du premier pied-droit, on n'aperçoit donc que la face intérieure et la saillie d'une corniche, qui fait ici l'office d'imposte (2) ; cette corniche, qui se profile sur le ciel, porte sur sa cymaise, un sphinx ailé ; mais, de l'autre côté de la baie et à son sommet, l'épaisseur du mur est figurée en perspective. Le pied-droit est d'un rouge vif ; la corniche qui le surmonte est de plusieurs couleurs : rouge, vert, blanc et jaune ; le sphinx, d'un ton de granit. L'épaisseur perspective de l'autre jambage et le dessous de linteau sont d'un rouge sombre (3). Ce qu'on est censé apercevoir par cette fenêtre ouverte, ce sont deux maisons ou deux corps de logis, situés de l'autre côté d'une rue sur laquelle donnerait cette fenêtre. L'un des corps de logis, celui qui occupe la gauche du tableau, est en saillie sur celui de droite (4) ; sur la face fuyante qui détermine l'avant-corps, on aperçoit

(1) *Ibid.* p. 153-4, et pl. XX.

(2) Pas tout à fait au haut de la fenêtre.

(3) Evidemment cette coloration intérieure était alors de mode à Rome.

(4) C'est-à-dire *en avant*, car il est en retrait vers la gauche.

une porte et, au-dessus, une étroite fenêtre. A droite, dans la partie supérieure du tableau, il y a une bande verticale du ciel (1)... Dans les deux corps de logis que nous montre notre fresque, on remarque... des terrasses, comme celle qui est au-dessus de la grande porte d'entrée, des balcons ou *mœniana*, les uns découverts, comme celui où se montrent deux femmes, les autres (2), comme celui qui se trouve à gauche, protégés par un petit toit, que supportent des colonnes de style ionique. C'est tout à fait ce qu'on appelle aujourd'hui en Italie une *loggia*. Le corps de logis principal nous présente une porte à deux battants, qui est ornée de deux pilastres et d'un linteau saillant. C'est un motif de porte que l'on rencontre souvent à Pompéi. Dans les parties supérieures de l'habitation, nous distinguons deux sortes de baies : des portes donnant sur les balcons, et des lucarnes qui sont semées assez irrégulièrement sur la face des deux bâtiments ; elles diffèrent entre elles de forme et de grandeur. » — La lumière, plus vive que dans nos climats, exige là moins d'ouverture pour la recevoir.

L'ensemble d'une riche demeure nous est

(1) Cette bande est au-dessus non d'un toit, mais d'une terrasse, formant couverture d'un vestibule, qui occupe le rez-de-chaussée.

(2) Ou plutôt l'autre.

connu maintenant dans presque tous ses traits essentiels; il suffira d'indiquer les plus importantes des variations de détails. Le fait général, c'est la distinction entre la partie ouverte aux clients et au commun des visiteurs et celle qui est réservée à la famille, aux domestiques et aux intimes. On passait généralement de l'une à l'autre par d'étroits corridors appelés *fauces*. Un portique formé de colonnes ou d'arcades décorait souvent la façade et s'étendait quelquefois de trois côtés d'une cour extérieure (*area*). L'atrium, bien qu'ouvert à tous les visiteurs, faisait réellement partie de la demeure ; le tablinum aussi avait ce double caractère. Nous avons déjà signalé l'inclinaison des côtés du toit, recouvrant l'atrium vers le centre de cette pièce et où se trouvait une ouverture (*compluvium*), qui servait à la fois à l'éclairer et à recueillir les eaux de la pluie dans un bassin (*impluvium*). Vitruve dit que la largeur du compluvium ne devait pas dépasser le tiers ni être inférieure au quart de celle de l'atrium lui-même (1). La décoration intérieure offre l'emploi du stuc sur les parois et de mosaïques dans le pavé des appartements (2).

(1) Voy. les pages 47-51 du troisième volume du texte explicatif, dans les *Chefs-d'œuvre de l'art antique*, avec renvois à divers auteurs latins et modernes et des citations de Mazois (*les Ruines de Pompéi*).

(2) *Ibid.* p. 53.

Il ne faudrait pas croire que les architectes des demeures italiennes fussent assujettis à des règles strictes pour la disposition des groupes de pièces. Partout on reconnaît les principes qui viennent d'être indiqués, mais souvent l'application diffère. La maison dite de Pansa(1), paraît être, à Pompéi, une de celles qui réunissaient au plus haut degré la richesse et la régularité de la disposition : derrière le péristyle, s'étend un *œcus* ou salon, qui lui-même précède un jardin, tous deux dans l'axe de l'atrium; à gauche de l'œcus se trouvaient la cuisine et une cour donnant sur l'extérieur ; à droite le *lararium*, ou sanctuaire des dieux lares, et une petite maison ne donnant que sur l'extérieur, aussi bien qu'une autre placée du même côté du péristyle et les nombreuses boutiques, dont une boulangerie (*pistrinum*), qui enveloppent l'atrium de trois côtés. Les maisons du Faune (pl. XXIX), du Questeur (pl. XXX), de Méléagre (pl. XXXI), du Centaure (pl. XXXII), s'écartent bien plus des règles de la symétrie : celle-ci nous donne un exemple de deux corps d'habitation bien distincts, et néan-

(1) *Ibid.*, pl. XXV et XXVI, p. 54-6. Les principales maisons de Pompéi ont reçu des noms empruntés à quelque détail de leur décoration intérieure ou à quelque fait signalé par une inscription. — Voir aussi le plan d'une de ces maisons, à la page 682 du cinquième volume de M. Duruy, et la restauration représentée à la page 685.

moins communiquant par une porte ménagée entre deux cours intérieures. Dans la maison de l'Ariadne (pl. XXXIII), les murs extérieurs ne sont pas parallèles à l'axe de l'atrium et des péristyles ; dans celle de l'Apollon, le jardin est tout à fait en dehors de la direction de l'axe.

Pompéi nous montre encore (pl. XXXXVI) le plan compliqué d'un établissement industriel (la *fullonica* ou atelier de foulons) ; mais surtout nous y trouvons le modèle le plus ancien des thermes (1), à l'exception des bains de Livie, v. *infra*. Bien que ce fût un établissement public, comme il ne s'agit que d'une ville municipale, leur peu d'étendue permet de les considérer comme devant se rapprocher beaucoup des thermes appartenant aux grandes maisons de Rome. M. Saglio a étudié la question des édifices de bains dans l'article *Balneus* du *Dictionnaire des antiquités grecques et romaines*. Les principaux résultats des découvertes archéologiques réunies dans cette étude vont être résumées ici.

Jusqu'au temps des Scipions, l'usage des bains, analogue à ce qu'il est aujourd'hui chez nous, n'avait pas amené l'emploi de construc-

(1) Voy. pl. XX-XXIV et p. 41-5. Le plan n° XX est celui des bains découverts en 1824 et qu'on appelle pour cela les Anciens bains, par opposition aux Nouveaux bains, découverts en 1857.

tions spéciales et d'une forme recherchée ; au siècle d'Auguste encore, nous voyons que les bains de Livie, compris dans la demeure assez simple dont le plan a été indiqué plus haut, se composaient seulement de deux pièces, dont l'une contenait le fourneau. Mais les ruines de Pompéi, détruite un demi-siècle seulement après la mort de cette impératrice, nous montrent déjà, dans les bains publics et privés, toute la complication connue des établissements balnéaires de l'Empire : il est vrai, M. Saglio fait observer que cette ville était située dans un pays gréco-italique, dans la Campanie. Suivant l'usage adopté dans cette ville et que l'on retrouve partout, dans les nombreuses ruines de bains romains qui se rencontrent en divers pays, chaque *balneus* devait contenir au moins trois pièces : le *tepidarium*, où l'on se préparait par une transition à la température du bain chaud ou du *sudatorium*, et où l'on pouvait revenir à une chaleur tempérée avant le bain froid; le *caldarium*, dans lequel se trouvaient deux bassins, destinés tant au simple lavage qu'au bain complet; enfin, le *frigidarium*, ordinairement séparé de celui-là par le *tepidarium*, pièce à décoration plus luxueuse, parce qu'on y séjournait davantage et parce que les peintures n'en pouvaient être gâtées par la vapeur de l'eau chaude. Mais, en ce qui concerne le travail architectonique, c'était surtout au *caldarium* que l'artiste donnait ses soins. Il était généralement voûté, au moins dans les bains publics, et l'une de ses extrémités formait abside. La chaleur était toujours répandue dans le caldarium entier, servant aussi d'étuve (*sudatio*), par un fourneau extérieur, échauffant l'air qui circulait dans l'intérieur des murs et sous le pavé. Cette pièce contenait, d'ailleurs, deux bassins : l'un, moins profond (*labrum*), vers l'abside, pour se laver seulement, l'autre plus profond (*alveus*), pour le bain proprement dit. Dans les établissements les plus complets, la *sudatio* était distincte du *caldarium*, et l'*apodytérion*, où l'on quittait ses habits, l'était du *tepidarium*.

CHAPITRE VI

L'ARCHITECTURE ROMAINE, AU SIÈCLE DES FLAVIENS ET DES ANTONINS

Le beau travail déjà cité de M. Braun sur les monuments du forum (1) fait ressortir le caractère d'ornementation prodiguée, par lequel l'architecture du second siècle de l'empire diffère de celle du siècle d'Auguste. Cette modification est déjà marquée, sans être encore choquante, dès le temps de Domitien, par certains détails du temple qu'il éleva à son père et dont il reste trois colonnes avec leur architrave, et aussi par les retouches de la décoration intérieure du Panthéon, après l'incendie qui eut lieu lors du principat de Titus.

Les chapiteaux du temple de Vespasien, dit M. Braun, ont les caractères de la période des Césars, sauf de légères variations : élégance

(1) Dans le *Philologus*, dont l'extrait publié par M. Marquardt conserve la pagination. Le morceau qui va être cité appartient aux pages 418-19. Quant à l'identité de ces restes, qu'on a souvent confondus avec ceux d'un autre édifice, voy. au chapitre IV, § 2, les preuves tirées des pages 409 et 443 de Braun ; cf. 413.

recherchée, excès dans la richesse. Le listel n'est pas nu comme il l'était auparavant, mais couronné de feuilles échancrées et d'une ligne d'oves en surcharge, d'un goût défectueux. Sur le profil de l'architrave, même principe d'ornementation, se produisant par une bordure de feuillages, sculptée d'ailleurs avec délicatesse et surmontée de jolies palmettes ; on y a aussi représenté divers instruments des sacrifices, alternant avec des bucranes ornés de bandelettes. Parmi ces objets on remarque surtout des patères, richement ornées d'arabesques, et d'autres vases décorés avec la magnificence luxuriante qui caractérise l'époque de Titus et de Domitien. — Cette magnificence gracieuse, mais outrée, se retrouve dans la décoration végétale de l'architrave. — Sur tout le chambranle qui la couronne, il n'y a pas une place vide.

Tous les monuments (voy. le *Dictionnaire* de Daremberg et Saglio, p. 903-4 et l'*Histoire des Romains* de M. Duruy, p. 648, 691) s'accordent à indiquer que le Capitole de Domitien était tétrastyle, tandis que celui de son père, élevé après le fameux incendie des derniers jours de Vitellius, était hexastile comme le précédent.

Quant au Panthéon, M. Adler (1) distingue avec soin les restaurations de Domitien de celles

(1) *Das Pantheon zu Rom*, p. 5-8.

qui sont postérieures et doivent se rapporter aux travaux de Septime Sévère, constatés par l'inscription de l'architrave ; elle énonce que lui et son fils Antonin (Caracalla) *Pantheum vetustate corruptum cum omni cultu restituerunt.* Pline, qui avait sous les yeux les travaux primitifs, nous dit (xxiv-7) que l'on comptait parmi les meilleures œuvres d'Agrippa les colonnes intérieures avec chapiteaux de bronze et les cariatides qui les surmontaient (1) ; mais nul écrivain postérieur n'en parle, d'où M. Adler conclut que ni les unes ni les autres ne firent partie de la restauration de Domitien (peut-être l'incendie les avait-il trop altérées). C'est à cet empereur qu'il attribue les colonnes intérieures actuelles, appartenant à l'ordre corinthien ; leur beauté, exceptionnelle encore, lui suggère cette attribution, l'art de ce temps ayant su choisir des matériaux magnifiques et employer le soin le plus exact dans les procédés techniques, ainsi que dans l'exécution des détails. Au même temps encore peut, selon lui, appartenir l'encadrement en marbre de la grande porte d'entrée.

Au contraire, l'auteur refuse de faire remonter jusqu'à Hadrien ou Antonin le Pieux la représentation, par des peintures appliquées sur le

(1) La restauration de M. Adler les représente, deux par deux, au-dessus de l'entablement et soutenant les arcs antérieurs des niches.

marbre, d'appuis architectoniques, surtout le trouvant dans un édifice dont l'éclairage fait bien ressortir le dessin des reliefs. Ce n'est point là, dit-il, le goût d'Hadrien formé dans Athènes ; à plus forte raison ne saurait-il être coupable de l'art grossier dont témoigne le rétrécissement des pilastres et leur fractionnement par le cintre des niches ; les œuvres d'Antonin, à Rome et à Pouzzoles, protestent aussi contre la pensée de les lui attribuer. Ni Domitien, ni Hadrien, ni Antonin n'ont fait au Panthéon les travaux considérables que suppose le texte de l'inscription citée. C'est aussi assurément à Sévère qu'il faut rapporter le grand cercle d'airain, cernant l'ouverture de la coupole, et où M. Adler reconnaît, sans hésiter, l'art par trop fantaisiste du IIIe siècle. Il lui répugne aussi de reporter aux premiers temps la porte de bronze terminée en haut par un trait.

Le forum de Nerva est appelé parfois *Forum pervium*, ou encore *Palladium*, à cause d'un temple de Minerve, qui s'élevait au milieu et qui avait été commencé par Domitien. Ce temple, maintenant ruiné, nous est connu par des gravures des XVIe et XVIIe siècles, ou du moins les derniers vestiges en furent représentés alors. Il était prostyle-hexastyle, avec une abside demi-circulaire à la cella. Il n'est demeuré que deux colonnes d'ordre corinthien, appartenant sans doute au grand portique qui enveloppait trois côtés de ce temple ; aux colonnes de ce portique des pilastres correspondaient sur les murs de l'édifice, et des architraves reliaient chaque colonne à ce mur ; l'architrave était surmontée d'une frise à bas-reliefs, portant une corniche fort richement décorée. Enfin, au-dessus de ce rang de colonnes on signale un attique en saillie, surmonté lui-même d'une magnifique corniche ; un bas-relief, représentant Minerve armée, sépare les deux saillies de l'attique. Tous ces détails sont extraits d'un article des *Annali dell' Instituto di Correspondencia archeologica* de 1877, dont l'auteur est M. Blumer.

Le principat d'Hadrien est fameux, on le sait, par une recrudescence de l'art gréco-romain, mais sauf les débris de la villa où cet empereur accumula des monuments de fantaisie, je ne connais point d'œuvre architecturale qui le rappelle en Italie. Nous n'avons à étudier *ici* ni la sculpture de cette époque, ni l'*Athènes d'Hadrien*, non plus que l'*Athènes de Thésée.* Il reste seulement à Rome de faibles débris du vaste temple corinthien, décastyle à colonnes cannelées et orné de portiques aux deux extrémités, que cet empereur fit élever à Vénus et à Rome elle-même, temple entouré d'une *area*, qu'un portique de granit décorait à l'est et à l'ouest. Un péristyle entourait le temple lui-même, dont la *cella*, divisée en deux, était revêtue de plaques de marbre et recouverte en bronze. Les substructions presque seules en demeurent aujourd'hui; on y reconnaît cependant les niches qu'occupaient les statues des deux déesses, les dimensions de l'édifice (333 pieds sur 160) et le nombre (20) des colonnes latérales. Elles étaient en marbre de Paros, et leur diamètre atteignait environ six pieds, ce qui, pour l'ordre corinthien, en suppose pour le fût soixante de hauteur (1). Grâce à la régularité de l'art grec, la reconstitution de l'édifice est donc possible ; mais nous ne saurions conclure de ces débris le caractère exact de l'ornementation.

M. Parker (2) témoigne une véritable admiration pour le temple d'Antonin et de Faustine (la première Faustine), élevé, sous Marc-Aurèle, à l'angle S.-E. du forum. « C'est, dit-il, le plus beau qui subsiste à Rome. Les splendides colonnes sont si bien connues qu'à peine est-il besoin de s'étendre sur ce sujet... Ce temple a six colonnes de front et trois sur les flancs. La *cella*

(1) Nibby, *Itiner.*, p. 179-80. Il semble, à comparer deux médailles d'Hadrien, reproduites à la planche XXVI du *Forum romanum*, que la partie voisine de l'entrée était consacrée à *Venus-Victrix* et l'autre à *Roma æterna*.

(2) *The Via sacra*, (1876), p. 65-6 : la pagination forme suite à celle du forum. Voyez la coupe et le plan du temple, à la planche XXXII. — L'imprimé porte *seven* au lieu de *six* ; mais il est rectifié par le plan, et jamais un temple antique n'eut à la façade un nombre impair de de colonnes.

est bâtie en grands blocs de tuf et ornée de pilastres dont les petits chapiteaux et la frise ont survécu seuls aux temps de barbarie. » Six colonnes de front et trois seulement de côté ,cela serait bien opposé aux coutumes de l'architecture ancienne, s'il fallait l'entendre du temple tout entier, mais la planche nous montre que l'auteur ne parle que du portique de la façade. Ce temple n'avait pas de péristyle ; les pilastres dont on vient de parler étaient à l'intérieur. On arrivait à l'entrée par un escalier de vingt-deux marches ; c'est sur la dernière que reposaient les colonnes du portique. L'édifice est représenté sur une médaille au sujet de laquelle M. Donaldson, cité par M. Parker, a fait remarquer la simplicité de la corniche et la magnifique décoration des flancs de la frise (1). Le fût des colonnes a 38 pieds pieds anglais et 9 pouces, et le diamètre 4 pieds 10 pouces, soit 8 diamètres de hauteur. C'est une proportion inférieure à celle du corinthien ordinaire, ordre dont le chapiteau se reconnaît dans le dessin.

Il a été question plus haut des arcs de la période impériale ; nous n'y reviendrons pas ici ; mais il y a quelques mots à dire de la *Basilica Ulpia*, œuvre de Trajan. On la connaît par une médaille de cet empereur et surtout par un

(1) V. aussi Nibby, *Itinerario*, p. 173. Une décoration de corniche comprenant des griffons et des candélabres n'appartient guère à l'art classique.

fragment du plan de Rome conservé au capitole. On y voit un double rang de colonnes sur chacun des longs côtés et un triple rang à l'extrémité, en avant d'un hémicycle où est inscrit le mot : LIBERTATIS. M. Guadet, auteur de l'article *Basilica* dans le dictionnaire Daremberg, en conclut avec raison que cet hémicycle formait, non un tribunal, mais un sanctuaire consacré à cette déesse ; or, le tribunal de commerce étant partie essentielle d'une basilique, c'est un motif de plus pour penser que l'autre extrémité, disparue du plan, était symétrique à celle-là. On voit de plus par la médaille et aussi, selon M. Guadet, par l'usure des marches, indifféremment répandue là où il ne pouvait pas y avoir de portes, que cette basilique n'était point fermée de murs, mais simplement enceinte de colonnes. Ceci est confirmé, sauf une restriction cependant, par le plan lui-même, qui indique l'emplacement des colonnes et n'offre point de ligne pleine, si ce n'est à l'hémicycle et pour compléter la clôture de l'extrémité qu'il occupe.

Quant aux thermes ou grands bains publics, dont les plus fameux furent l'œuvre d'Agrippa d'abord, puis du pouvoir impérial, c'est surtout par les fouilles des thermes de Caracalla qu'on peut aujourd'hui les connaître. Nibby en a donné une description assez détaillée aux pages 440-448 de son *Itinerario di Roma*. Ils formaient un immense carré, dont le côté mesure environ 1140 pieds romains ; le bâtiment intérieur en a environ 560 de long sur 360 de large. On arrivait à la façade principale de l'enceinte extérieure (celle de l'est) par une voie flanquée de portiques, et elle-même offrait l'aspect d'un portique formé d'arcades, derrière chacune desquelles se trouvaient des pièces que Nibby croit avoir été des boutiques et des logements de soldats. Les parois de l'édifice étaient revêtues de marbre, jusqu'à une hauteur assez considérable, et le reste de stuc. Une grande corniche couronnait la partie centrale, que surmontaient des terrasses décorées de mosaïques. Au-dessus des arcades étaient d'autres pièces où l'on entrait par la cour conduisant à l'édifice intérieur ; il paraît que la partie antérieure de cette cour était plantée d'arbres, et que les parties latérales étaient ornées de portiques. Il serait beaucoup trop long de décrire ici la disposition compliquée et surtout la riche décoration de cet édifice ; il suffira de dire qu'il contenait les bains proprement dits, tels que nous les connaissons, avec tous leurs accessoires, répartis dans des salles et des cours intérieures, et que les lois de la symétrie étaient rigoureusement observées dans la répétition des parties de l'ensemble. Mais n'est-ce pas une caractéristique bien frappante de ce siècle, que le plus grand monument artistique de son existence soit, à Rome, un établissement de bains ?

F. R.

LES CITOYENS

§ 1. — La Patrie et la Cité.

On entend par *civitas Romana* l'ensemble des individus de condition libre qui forment le corps de l'état auquel ils appartiennent soit par leur naissance, soit par leur réception selon les formes légales, c'est-à-dire par naturalisation ou par affranchissement : c'est là le sens concret ou objectif. Subjectivement, on entend par *civitas Romana* l'ensemble des droits privés et publics propres aux individus qui constituent la cité dans le sens concret ou objectif. Cicéron explique avec précision dans le *Traité de la République* (1), dans le *Discours pour Sextius* (2) et dans le *Traité des lois* (3) la distinction de cette notion et des notions voisines de ville (oppidum, urbs) et de patrie. La ville n'est que l'agglomération des habitations : on dirait dans le langage de l'école qu'elle est la matière de la société tandis que la cité en est la forme. La cité en effet n'existe que quand les individus réunis se sont donné des institutions qui règlent leurs rapports et font d'une masse confuse, sans organisation, un corps social : « hi cœtus igitur hac, de « qua exposui, causa instituti, sedem primum

(1) I, 26.
(2) 42.
(3) II, 2.

« certo loco, domiciliorum causa, constituerunt ; « quam cum locis manuque sepsissent, ejus modi « conjunctionem tectorum oppidum vel urbem « appellaverunt, delubris distinctam spatiisque « communibus. Omnis ergo populus, qui est « talis cœtus multitudinis qualem exposui, « omnis civitas, quæ est constitutio populi, omnis « respublica, quæ, ut dixi, populi res est, con- « silio quodam regenda est ut diuturna sit. » La ville, le peuple, préexistent donc logiquement à la cité qui n'est pas autre chose que l'organisation sociale d'où naissent les intérêts communs de la vie politique qui ne saurait subsister sans un gouvernement. La notion de patrie est plus compréhensive que la notion de cité : elle comprend, en effet, le lieu d'origine et le centre national auquel il est attaché : Cicéron, né à Arpinum, c'est-à-dire dans une petite ville municipale où ses ancêtres, son grand-père surtout, jouissaient d'une haute considération, mais sans que leur ambition se fût produite sur le théâtre de la vie politique, à Rome, le seul endroit où une famille pût fonder sa noblesse, aima toujours d'une prédilection particulière le berceau de sa race, cette humble ville près de laquelle était sa demeure patrimoniale : « c'est ici, dit-il, ma « vraie patrie et celle de mon frère Quintus ; « c'est ici que nous sommes nés d'une très « ancienne famille ; ici sont nos sacrifices, nos « parents, de nombreux monuments de nos aïeux.

« Que vous dirai-je ? Vous voyez cette maison et « ce qu'elle est aujourd'hui : elle a été ainsi « agrandie par les soins de notre père ; il était « d'une santé faible et c'est là qu'il a passé « dans l'étude des lettres presque toute sa vie. « Enfin, sachez que c'est en ce même lieu, mais « du vivant de mon aïeul, du temps que, selon les « anciennes mœurs, la maison était petite comme « celle de Curius dans le pays des Sabins ; oui, « c'est en ce lieu que je suis né. Aussi je ne sais « quel charme s'y trouve qui touche mon cœur « et mes sens et me rend peut-être ce séjour « encore plus agréable. » (1) Le citoyen romain né hors de Rome, la ville par excellence (urbs), dont l'enceinte ou du moins le voisinage immédiat avait renfermé pendant longtemps le corps des citoyens tout entier, avait des relations plus intimes avec les citoyens originaires de la même localité que lui. Ces relations étaient pour lui comme l'extension directe des rapports de la famille : mais de même que la famille est subordonnée à la patrie, la patrie d'origine, dans la hiérarchie des devoirs, passe au-dessous de la patrie politique, dans l'unité de laquelle se sont fondues, à mesure qu'elles ont été agrégées à la cité, toutes les villes naguère indépendantes, comme Arpinum, le berceau des Cicéron, Tusculum, le berceau des Caton. « Qu'est-ce donc que

(1) Cic., de *Leg.* II, 1.

« vous avez dit tout à l'heure, fait observer « Atticus, que ce lieu, dont vous m'avez appris « tout à l'heure que le nom est Arpinum, est à « tous deux (Cicéron et son frère Quintus) votre « patrie ? En avez vous une autre que la patrie « commune ? Ou peut-être que celle de Caton le « Sage n'a pas été Rome mais Tusculum. — Cer- « tainement, répond Cicéron ; pour lui, comme « pour tous les citoyens des villes municipales, « je reconnais deux patries, celle de la nature « et celle de la cité. Ainsi Caton, qui était né à « Tusculum, fut agrégé citoyen de Rome, et « Tusculan par l'origine, Romain par la cité, il « eût une patrie de fait et une patrie de droit.... « Ainsi, nous nommons patrie celle où nous som- « mes nés et celle qui nous adopta ; mais il faut « donner le premier rang dans notre amour à « celle dont le nom, devenu celui de la républi- « que, renferme tous les citoyens. C'est pour « elle que nous devons mourir, c'est à elle que « nous devons nous dévouer tout entiers, en « elle que nous devons placer et, pour ainsi dire, « consacrer tout ce qui est à nous. Il n'en est « pas moins vrai que nous aimons presque autant « la patrie qui nous fit naître, et voilà pourquoi « je ne renierai jamais ma patrie d'Arpinum, en « mettant toutefois la cité au dessus d'elle, « puisque l'une contient l'autre. (1)

(2) Cic., de *Leg.* II, 2.

§ 2. — Les citoyens d'origines diverses et les colonies de citoyens romains.

Au point de vue du droit, la patrie de nature, comme dit Cicéron, ou, comme nous dirions, le lieu de naissance, ne crée aucune distinction entre les citoyens. Un grand nombre des familles qui ont joué un rôle dans l'histoire romaine, ne sont pas issues de Rome même : la seule ville de Tusculum a produit, outre la *gens Porcia,* les *Coruncanii,* les *Fulvii*, les *Juventii*; la *gens Claudia,* la *gens Curtia,* la *gens Vettia*, étaient originaires de la Sabine; T. Annius Milo et L. Murena étaient de Lavinium, Marius, comme Cicéron, était d'Arpinium. Tout individu muni du droit de cité complet, soit qu'il le tînt de sa naissance, soit qu'il lui eût été conféré individuellement, soit qu'il eût été conféré collectivement à la ville dans laquelle il était né, ou, dans cette ville à une catégorie de citoyens dont il faisait partie, comme cela arriva, par exemple, en 340, pour les chevaliers de Capoue, était légalement sur le même pied que les citoyens dont les familles possédaient ce droit depuis les temps les plus anciens. Cependant, les vieilles races romaines affectèrent toujours un certain dédain pour les familles dans lesquelles le droit de cité était plus récent et qui étaient sorties d'une ville dont l'histoire rappelait l'état de sujétion dans lequel elle était restée plus ou moins longtemps avant d'être agrégée au corps de la cité. Sergius Catilina qui, jusque dans les rangs de la basse démagogie dans lesquels il s'était engagé, conservait la morgue de l'ancienne aristocratie, n'osa-t-il pas traiter Cicéron, en plein Sénat, comme un étranger, un simple locataire de la maison qu'il prétendait défendre contre lui, un de ses maîtres légitimes? « Ne existamarent « sibi, patricio homini, cujus ipsius atque majo- « rum, plurima beneficia in plebem Romanam « essent, perdita republica opus esse, cum eam « servaret M. Tullius, inquilinus, civis urbis « Romæ (1). » Ce n'est pas seulement comme homme nouveau, c'est-à-dire dont les ancêtres n'avaient jamais exercé les grandes charges de l'État romain, c'est encore comme étranger d'origine volsque, que le même Cicéron eut à subir plus d'une fois dans sa carrière les hauteurs du patriciat et de la *nobilitas* qui en continuait la tradition, ainsi qu'il s'en plaint à plusieurs reprises ; et, cependant, il le fait remarquer lui-même, c'était des municipes qu'étaient sortis la plupart de ceux qui, de son

(1) Salluste, Catilina, XXXII. Inquilinus, au sens propre, celui qui habite une maison particulière dont il n'est pas propriétaire : Jussit inquilinos privatarum ædium atque insularum pensionem annuam repræsentare fisco. (Suét., Nér., XLIV). Anima inquilina est carnis. (Tert. Resurrect. carnis, XLVI).

temps, tenaient les premières places de la République : « Videte quam despiciamur omnes qui « sumus e municipiis, id est omnes plane : quotus « enim quisque non est (1) ? » Juvénal, qui semble avoir exprimé le plus souvent les sentiments des petites gens de Rome (2), se plaît à rappeler que tandis que Cethegus et Catilina, qui faillirent perdre Rome, étaient de la plus antique noblesse, Cicéron, qui la sauva, n'était qu'un obscur citoyen d'Arpinum, un chevalier d'origine municipale (3) ; tandis que Tacite, qui subit, au contraire, de plus d'une façon les préjugés des Romains de vieille roche (4), non-seulement applique à Séjan, de Volsinie, en Étrurie, la qualification méprisante de *municipalis adulter,* mais encore présente comme un sujet d'affliction publique le mariage en secondes noces de la petite fille de Tibère, Julie, avec Rubellius Blandus, parce que, si celui-ci, ou du moins son père, avait été consul, beaucoup de Romains se souvenaient encore que son grand-

(1) Cic., Philipp., III, 6.

(2) Consulter sur Juvénal le chapitre de M. Boissier dans son *Opposition sous les Césars.*

(3) Juvénal, *Sat.,* VIII, 237 :

Hic novus Arpinas ignobilis, et modo Romæ
Municipalis eques.

(4) Consulter sur cette question notre introduction en tête du premier livre des *Annales* de Tacite, chez Dupont.

père était un simple chevalier de Tibur. Or, Tacite écrivait après les règnes des Flaviens, originaires d'une ville d'Ombrie, Reate, et sous le règne de Trajan qui était né en Espagne. Les citoyens d'origine municipale étaient donc tenus en moindre estime que ceux qui étaient issus du territoire romain proprement dit, et ce préjugé, bien qu'il ne fût soutenu par aucune distinction légale, subsista, malgré les faits de plus en plus nombreux qu'il ne pouvait pas empêcher, jusqu'aux derniers temps de l'empire. Ammien Marcellin nous montre la populace de Rome poursuivant de ses clameurs au spectacle ceux qu'elle appelait des étrangers (1).

Mais si les citoyens d'origine italienne étaient au-dessous de ceux qui sortaient des murs mêmes de Rome, ils étaient au-dessus des citoyens d'origine provinciale et leur rendaient le dédain dont ils étaient eux-mêmes l'objet. Le même Juvénal que nous avons vu tout à l'heure opposer avec satisfaction à la vieille aristocratie, qui avait failli perdre Rome, l'origine équestre et municipale de Cicéron, qui la sauva, s'indigne qu'un citoyen d'origine orientale, puisse apposer le premier son sceau sur un acte public et enlever à un vrai Romain la place d'honneur à table : « Quoi, dit-il, il signera avant moi, il « occupera à table un meilleur lit, cet homme

(1) Ammien Marcellin, XIV, 6, 22; XXVIII, 4, 32.

« venu à Rome avec le vent qui y apporte les « prunes et les figues? N'est-ce donc rien que « d'avoir respiré dans son enfance l'air du « mont Aventin et mangé les fruits du pays « Sabin (1). »

Jusqu'à la fin du second siècle de l'empire, les cohortes prétoriennes, qui formaient un corps privilégié et étaient regardées comme une force purement nationale, se recrutaient exclusivement dans le Latium, l'Étrurie, l'Ombrie, les anciennes colonies de l'Italie centrale, et les chevaliers, qui ne servaient plus dans la cavalerie légionnaire, formée par les alliés sous le commandement d'officiers supérieurs romains, continuèrent cependant à servir parmi les prétoriens, de telle sorte que, tandis qu'auprès des légions, il n'y eut plus, pour faire le service à cheval, que des ailes, ancien nom de la cavalerie auxiliaire, il y eut toujours une cavalerie du prétoire; aussi Othon appelle-t-il les prétoriens, dans un discours de Tacite, « Italiæ alumni, « Romana vere juventus (2). » Les mêmes idées inspirent les murmures que provoqua la mesure par laquelle l'empereur Claude accorda aux citoyens les plus distingués de la Gaule trans-

(1) . . . . . Me prior ille
Signabit, fultusque toro meliore recumbet,
Advectus Romam quo pruna et coctona vento?
(Juvénal, XIII, 81.)

(2) Tacite, *Hist.*, I, 84.

alpine le droit d'entrer au Sénat, droit que les Éduens, qui habitaient entre la Saône et la Loire, reçurent les premiers en considération de l'ancienneté de leur alliance et du titre de *Frères des Romains*, qu'ils portaient seuls parmi les Gaulois (1).

De même que, à défaut de distinction légale, l'esprit public mettait une différence entre les citoyens selon qu'ils étaient d'origine provinciale, italienne ou purement romaine, si, en principe, la condition d'affranchi n'était pas héréditaire, les fils d'affranchis, bien qu'ils fussent légalement nés *ingenui* et, comme tels, exempts de toutes les obligations du *patronatus*, c'est-à-dire de toute obligation envers un patron, étaient cependant exclus par le *mos majorum* des magistratures et tenus pour inférieurs aux citoyens dont le père était né libre. Tite-Live dit qu'Appius Claudius Cæcus le premier dégrada la majesté du Sénat en y recevant des fils d'affranchis (2), dont l'admission fut d'ailleurs invalidée, et Cicéron mentionne (3) un citoyen qui fut exclu du Sénat par les censeurs, uniquement comme fils d'affranchi. Nous savons aussi qu'Horace s'entendit souvent reprocher la condition de son père par les envieux qui étaient

(1) Tacite, *Annales*, XI, 23-24.
(2) Tite-Live, IX, 46.
(3) Cicéron, *Pro Cluentio*, 47.

jaloux de l'amitié que lui témoignait Mécène, tandis que celui-ci déclarait que peu importait qu'on fût né de tel ou tel père, de tel ou tel aïeul, pourvu qu'on fût né libre (1). Les infractions au *mos majorum* qui consacrait ce préjugé, étaient sans doute devenues fréquentes au temps de Pline le Jeune, chez lequel nous voyons que Largius Macedo, qui fut assassiné par ses esclaves, ancien préteur et, comme tel, siégeant de droit au Sénat, était fils d'un affranchi (2). Cependant lorsque, sous Marc Aurèle, Pertinax, fils d'un riche affranchi marchand de bois, s'éleva par son mérite militaire au Consulat, on entendit encore des propos malveillants lui reprocher son origine ; c'était seulement dans les petits-fils d'affranchis que semblait s'effacer complétement, d'après les idées des Romains, la tache servile.

A côté des citoyens qui résidaient dans la capitale, il faut indiquer encore ceux qui faisaient partie des colonies de citoyens Romains. Les colons Romains possédaient la plénitude du droit quiritaire dans l'ordre civil ; beaucoup d'auteurs leur contestent les droits politiques, surtout le *jus honorum*, mais nous croyons, avec

(1) Horace, *Satires*, I, 6, 1-8.

(2) Pline, *Lettres*, III, 14.

M. Madvig (1), qu'ils ne leur étaient pas enlevés, bien qu'en fait il leur fût impossible de les exercer, au moins dans les circonstances ordinaires, puisqu'on ne pouvait exercer qu'à Rome le droit d'élection aux magistratures politiques et le droit d'y être élu. L'établissement d'une colonie était ordonné par une loi ou un sénatus-consulte qui nommait des commissaires, généralement au nombre de trois (2), chargés de tous les détails de l'opération qui, d'ailleurs, étaient prévus par leur mandat dont la durée était calculée et limitée ordinairement à trois ans. Le trésor leur remettait les fonds nécessaires et faisait même aux colons les avances dont ils pouvaient avoir besoin en attendant qu'ils fûssent en état de se suffire à eux-mêmes. La loi ou le sénatus-consulte non-seulement spécifiait le lieu où devait être fondée la colonie, mais encore décidait si les colons seraient des citoyens ou des Latins (3). Le nombre des familles émigrantes était également déterminé. Arrivés sur le terrain, les commissaires traçaient, selon les rites, l'enceinte de la ville nouvelle, en dirigeaient la construc-

(1) Voir Madvig, l'*État romain*, traduction Morel, tome I, § 6, pages 54 et 55 ; consulter aussi E. Person, *Essai sur l'administration des provinces sous la République*, pages 91 et suiv.

(2) Triumviri coloniæ deducendæ, magistrats extraordinaires mineurs.

(3) Voir plus loin les *Colonies latines*.

tion, répartissaient les lots entre les colons, et donnaient à la cité nouvelle une organisation calquée sur celle de la métropole. A la tête était un conseil (curia), recruté à l'élection dans l'aristocratie de la naissance ou de la fortune, et le pouvoir exécutif était exercé soit par un magistrat unique, soit, ce qui est de beaucoup le cas le plus ordinaire, par deux fonctionnaires élus qui portaient les titres de consuls, d'édiles, de duumvirs. La justice était rendue selon les lois romaines, et la police appartenait aux autorités locales, mais toute cette organisation fonctionnait sous le contrôle du gouvernement romain, c'est-à-dire des consuls et des préteurs, selon la nature des affaires ressortissant à la compétence des uns ou des autres.

Telle était la situation des citoyens qui venaient de Rome s'établir dans une colonie de citoyens Romains ; mais, au moins dans les premiers temps, une partie de la population coloniale était privée de ces avantages ; c'étaient les anciens habitants des pays vaincus qui, dépossédés partiellement, étaient autorisés à résider dans les portions de leur territoire non comprises dans les assignations et y restaient dans la condition de *cives sine suffragio* (1).

De là, peut-être, est venue la confusion qui a fait croire que les citoyens des colonies romaines

(1) Voir plus loin en quoi consistait cette condition.

perdaient leurs droits politiques ; mais cette assertion est contredite par le témoignage des historiens romains qui nous montrent, dès les temps les plus anciens, le peuple de la métropole réclamant dans son intérêt la fondation de colonies, et cela au moment même où il revendiquait avec ardeur une part plus grande d'influence dans les affaires politiques, tout particulièrement des garanties pour le libre exercice du droit de suffrage.

Or, comment admettre que les mêmes hommes aient réclamé à la fois l'extension et la sécurité de leurs droits politiques et des mesures qui les en auraient dépouillés ? Sans doute, un citoyen ayant sa résidence à Mutina ou à Syclacium ne pouvait pas voter, d'une façon constante et régulière, dans toutes les réunions des comices ; mais, légalement, rien ne l'empêchait de venir donner son suffrage dans les séances qui présentaient pour lui un intérêt exceptionnel, et c'est là ce qui explique l'affluence extraordinaire des électeurs accourus pour soutenir Caïus Gracchus quand il demanda le tribunat, affluence telle, selon le récit de Plutarque, qu'un grand nombre ne put pas trouver de logement à Rome, et que le Champ de Mars même ne pouvant pas contenir cette multitude, plusieurs donnèrent leurs voix des toits des maisons (1). Auguste,

(1) Plutarque, Tiberius et Caïus Gracchus, XXII.

comme on l'a remarqué, fit ou tenta une innovation grave le jour où il autorisa les citoyens des villes municipales à envoyer à Rome leurs suffrages cachetés pour le jour des comices ; mais l'innovation consistait à faire voter ainsi des citoyens qui n'étaient pas présents personnellement, et non à conférer le droit de vote à des individus qui ne l'auraient pas possédé, au moins virtuellement. De même, les citoyens des colonies n'étaient pas habituellement en mesure de faire les démarches nécessaires pour poser leurs candidatures aux honneurs ; mais ils pouvaient cependant le faire s'ils venaient en temps utile se fixer à Rome : un des premiers consuls de la République était, comme l'indique son surnom de Collatie, que la tradition qualifie de colonie romaine ; Cicéron mentionne (1) un citoyen de la colonie de Pyrgi qui était chevalier romain, et nous avons fait observer déjà que, dès les temps les plus reculés, des citoyens venus de localités assez éloignées de Rome, ont pris une part active à la vie de la métropole et sont même arrivés aux plus hautes fonctions de l'Etat.

Le texte même de Cicéron, que l'on a allégué souvent à l'appui de la théorie contraire à celle que nous croyons devoir adopter, ne prouve pas, semble-t-il, ce qu'on prétend lui faire prouver.

(1) Cic., *De Orat.*, II, 71.

Le grand orateur s'efforce de dissuader les citoyens de Rome de se laisser entraîner par les promesses de Rullus à sacrifier, en votant l'établissement de nouvelles colonies, les avantages que leur procure le séjour de la capitale : « vos vero, « Quirites, si me audire vultis, retinete istam possessionem gratiæ, libertatis, suffragiorum, « dignitatis, urbis, fori, ludorum, festorum « dierum, ceterorum omnium commodorum, nisi « forte mavultis, relictis his rebus atque hac luce « reipublicæ, in Sipontina (1) siccitate aut in « Salapinorum (2) pestilentiæ finibus, Rullo duce, collocari. » (3) Les mots *ceterorum omnium commodorum*, qui résument l'énumération précédente, renferment l'idée générale des avantages que perdaient tous ceux qui allaient vivre hors de Rome, dans l'obscurité d'une petite ville, loin du soleil, comme nous dirions familièrement (in hac luce reipublicæ). Comment, de Siponte où de Salapia, participer à ce mouvement des débats judiciaires ou politiques, des jeux, des fêtes et des spectacles, dont les émotions deviennent un besoin pour quiconque s'y est une fois engagé ? Mais, dans tout cela, il est question d'avantages dont Cicéron ne comprend pas qu'on puisse se priver, et non d'une inégalité de

(1) Siponte, ville de la Pouille, près du Mont-Gargan.
(2) Salapia, dans la même région, très insalubre.
(3) Cicéron, sur la loi agraire, II, 27.

droits, d'une sorte de déchéance trop importante pour que l'orateur ne l'eût pas clairement et fortement rappelée s'il avait pu invoquer à l'appui de sa thèse un tel argument. Que l'on sépare *libertatis* et *suffragiorum* par une virgule, ou que l'on fasse du second nom le complément du premier, ce qui donnerait une construction étrangère à l'élégance habituelle du style cicéronien, le sens général et l'effet oratoire de la période restent les mêmes : on entendra toujours qu'en se laissant transporter à Siponte ou à Salapia, les auditeurs de Rullus renonceront à posséder en fait leur liberté politique et leur droit de suffrages, puisque la distance et l'isolement les rendront étrangers au gouvernement, mais le texte ne dit pas qu'ils cesseront en droit d'être citoyens et électeurs.

§ 3. — Comment on perd le droit de cité

On possédait, avons-nous dit, le droit de cité, par naissance, par naturalisation ou par affranchissement, On était citoyen par naissance quand on était issu de parents Romains. S'ils étaient unis par les *justæ nuptiæ*, l'enfant suivait la condition du père au moment de la conception, c'est-à-dire que né d'un père ayant le *jus civitatis* et d'une mère latine où étrangère, mais ayant le *jus conubii*, l'enfant était citoyen

Romain, alors même que le père venait à mourir ou à perdre la qualité de citoyen dans le temps qui s'écoulait entre la conception et la naissance. Quand il n'y avait pas de *justæ nuptiæ*, l'enfant suivait la condition de sa mère au moment de la naissance. Une loi *Mensia*, suivant l'ancienne leçon, d'après laquelle ce nom, qui n'a été porté par aucune *gens* ayant laissé une trace dans l'histoire, ne serait qu'une corruption de *Ælia Sentia, Minicia* d'après une correction récente de M. Studemund, décida que l'enfant issu de deux parents de conditions différentes, suivrait celle qui était la moins avantageuse (1). Mais Adrien, rétablissant les principes du droit des gens, déclara qu'en dehors des *justæ nuptiæ*, l'enfant suivrait la condition de sa mère.

On perdait la qualité de citoyen pour différentes causes qui modifiaient le *caput*, c'est-à-dire la capacité juridique des personnes libres, laquelle comprenait, lorsqu'elle était complète, trois degrés : le *status libertatis*, condition essentielle des deux autres, le *status civitatis*, le *status familiæ*. La perte de la qualité de citoyen résultait d'abord de tous les cas qui entraînaient la *capitis deminutio maxima*, *ex jure gentium* ou *ex jure civili*. Or, on encourait celle-ci : 1° quand on était prisonnier de guerre ;

(1) Lex Minicia ex alterutro peregrino natum, deterioris parentis condicionem sequi jubet.

2° quand on était livré à l'étranger (deditus) par le *père patrat*, pour avoir, comme magistrat, conclu avec l'ennemi, de sa propre autorité, une convention (sponsio) à laquelle le Sénat et le peuple refusaient la ratification sans laquelle il n'y avait pas de traité définitif (fœdus), ou pour avoir violé le *jus legatorum*. Titus Veturius et Sp. Postumius qui avaient pris un engagement comme celui-là pour sauver leur armée des Fourches Caudines, furent ainsi livrés aux Samnites avec deux tribuns et tous ceux qui avaient garanti l'engagement : Tite Live qui reproche à Quadrigarius d'avoir donné à la paix de Caudium le nom de traité (fœdus) au lieu de celui d'engagement (sponsio) prétend, par cette distinction, justifier les Romains dont Quadrigarius, moins formaliste ou plus sincère, condamnait sans doute la mauvaise foi (1). Quant à la sanction donnée au *jus legatorum*, nous en voyons un exemple quand le préteur urbain, M. Claudius, fit remettre aux Carthaginois L. Minucius Myrtalus et L. Manlius qui les avaient outragés (2) et quand le Sénat, pour le même motif, livra aux ambassadeurs d'Apollonie, Q. Fabius et Cn. Apronius, malgré leur titre d'édiles (3). 3° quand on était *addictus*, c'est-à-

(1) Tite Live, IX, 5.
(2) Tite Live, XXXVIII, 42.
(3) Val. Max. VI, 6, 5.

dire prisonnier pour dettes en vertu d'un jugement du magistrat judiciaire, et susceptible d'être vendu en cette qualité *trans Tiberim*. 4° comme *fur manifestus* : telle était la peine portée par la loi des douze tables ; le droit prétorien la remplaça par une *actio quadrupli* (1). 5° Pour s'être soustrait au cens (incensus) ou au service militaire. 6° Si, étant *in patria potestate*, on avait été vendu par son père à l'étranger. 7° En vertu du droit prétorien, si un citoyen âgé de plus de vingt ans s'est laissé vendre à son propre bénéfice, ce qui fait de lui l'esclave de son acheteur, contre lequel, depuis l'édit prétorien, il ne peut plus faire revendiquer sa liberté devant le prêteur. A la fin de la république, on n'encourait plus la *capitis deminutio* comme *addictus* ni comme *fur manifestus* ; elle disparut au commencement de l'empire pour les *incensi* et pour ceux qui se dérobaient au service militaire. Mais l'empire maintint la *capitis deminutio* pour ceux qui se laissaient vendre ou se vendaient *ad pretium participandum*. En outre, il l'établit : 1° Pour les *servi pœnae*, c'est-à-dire pour les citoyens qui, atteints par une condamnation *ad mortem, ad gladium, ad bestias, in metallum*, étaient censés devenir esclaves de leur peine et tombaient, en vertu de cette fiction juridique, sous le coup d'une péna-

(1) A. Gell., XI, 8.

lité incompatible avec la qualité de citoyen. 2° Pour les affranchis coupables d'infractions graves aux *jura patronatus* à la suite desquelles les empereurs prononçaient contre les coupables la *révocatio in servitutem*, comme le fit, par exemple, l'empereur Claude (1). 3° Sous le règne du même empereur, un sénatus-consulte dont l'idée est attribuée à son affranchi Pallas, prononce qu'une femme qui aura eu commerce avec un esclave, sera elle-même considérée comme esclave si les relations ont eu lieu à l'insu du maître ; si c'est de l'aveu du maître, elle sera tenue pour affranchie (2).

Dans ce dernier cas, bien que la mère ne fût qu'affranchie, et non esclave, les enfants qui naissaient étaient cependant esclaves ; mais cette anomalie, imputable sans doute à Pallas qui d'après Tacite aurait rédigé le projet soumis au sénat (3), fut corrigée par Adrien, qui revint aux véritables principes du droit en décidant que puisque la mère restait libre, elle enfantait des enfants libres.

Le *status civitatis* était également modifié par la *capitis deminutio media* ou *minor*, et l'on

(1) Suétone, Claude, XXV.

(2) Refertur ad patres de pœna feminarum quæ servis conjungerentur, statuiturque ut, ignaro domino, ad id prolapsæ, in servitute; sin consensisset, pro libertis haberentur. (Tacite, ann. XII, 33).

(3) Repertorem ejus relationis.

cessait d'être citoyen Romain : 1° volontairement en se faisant inscrire dans une colonie Latine. En effet, par cette inscription on devenait citoyen Latin ; or, bien qu'on l'oubliât parfois, c'était encore au temps de Cicéron un principe fondamental du droit Romain, que nul ne peut être citoyen de deux cités : « duarum civitatum « civis esse, nostro jure civili nemo potest (1). » Cicéron rappelle dans le même discours que ce principe était particulier à Rome : « atqui ceteræ « civitates omnes non dubitarent nostros recipere « in suas civitates, si idem nos haberemus juris « quod ceteri. Sed nos non possumus et hujus « esse civitatis et cujusvis præterea : ceteris « concessum est.... Quo errore ductos vidi ego- « met nonnullos imperitos homines, nostros « cives, Athenis, in numero judicum atque « Areopagitarum, certa tribu, certo numero, « cum ignorarent, si illam civitatem essent « adepti, hanc se perdidisse, nisi postliminio « recuperarent. Peritus vero nostri juris ac « moris nemo unquam qui hanc civitatem retinere « vellet, in aliam civitatem se dicavit » (2). 2° On cessait d'être citoyen Romain par force quand on avait encouru l'*interdictio aqua et igni* qui mettait le condamné dans la nécessité de s'exiler s'il voulait sauver sa vie. Un citoyen

(1). Cic., pro Balbo, XI.
(2). Cic., pro Balbo, XII.

pouvait aussi se dérober à la peine de mort ou à une peine infamante en s'exilant volontairement pourvu qu'il établît sa résidence dans une ville avec laquelle Rome eût le *jus exulandi*, c'est-à-dire un traité qui, de part et d'autre, autorisait la résidence des exilés : c'était là un des *jura publica* qui protégeaient la personne des citoyens, et qui, sous l'empire, fut éludé par le subterfuge légal de la *Servitus pœnae*, dont nous parlions tout à l'heure.

L'*interdictio aqua et igni* est aussi un exemple de ces fictions juridiques, conformes à l'esprit formaliste des Romains, au moyen desquelles on laissait subsister, en apparence, les principes, tout en s'affranchissant des entraves qu'ils pouvaient apporter à l'action du gouvernement.

La personne d'un citoyen était inviolable ; il ne pouvait ni être atteint par une condamnation capitale sans appel devant les comices centuriates, en vertu du *jus provocationis*, ni être battu de verges, et si cette immunité ne le couvrait plus quand il était dans les armées, où les châtiments corporels étaient en usage, il y gardait, du moins, le privilège de ne pouvoir être frappé qu'avec le bois de la vigne, tandis que les alliés qui servaient à côté de la légion, étaient battus avec un bois quelconque. Mais, de même que, comme nous l'avons vu, il subissait comme *servus pœnæ* le châtiment qui ne pouvait pas l'atteindre comme citoyen, s'il ne pouvait pas être directement condamné à l'exil, on l'obligeait à s'exiler lui-même en lui interdisant l'eau et le feu sur tout le territoire romain.

Sous l'Empire, la *capitis deminutio media* était encore la conséquence d'une peine nouvelle dont nous trouverons de nombreux exemples dans Tacite (1), la *deportatio in insulam*, qui, comme l'*interdictio aqua et igni* entraînait la confiscation des biens de l'exilé. La *deportatio* ne doit pas être confondue avec la *relegatio* déjà appliquée sous la République (2), en vertu d'un sénatus-consulte ou par un magistrat ; mais, dans ce dernier cas, la *relegatio* était une mesure exceptionnelle, comme nous l'apprend Cicéron à propos d'un de ses amis, L. Lamia, qu'il recommandait à Brutus comme candidat à la prêture : « Du temps de mes démêlés avec « Clodius, dit-il, il était le chef de l'ordre « équestre, et prenant parti pour moi avec « beaucoup de chaleur, il fut relégué par le « consul A. Gabinius, ce qui, jusqu'alors, n'était

(1) Tacite, *Annales*, III, 38; IV, 13, 21.

(2) Tite-Live, XL, 41 : Un tribun légionnaire, M. Fulvius est relégué *ultra novam Carthaginem*, en vertu d'un sénatus-consulte, pour avoir licencié sans ordre la légion qu'il commandait.

« arrivé à aucun Romain (1). » Le citoyen relégué ne subissait pas la *capitis deminutio* qui frappait, au contraire, quiconque avait encouru l'*interdictio* ou la *deportatio* : il conservait ses biens avec sa qualité de citoyen. Ovide, invoquant la clémence d'Auguste, le remercie de s'être contenté de le reléguer au lieu de l'exiler :

Adde quod edictum, quamvis immane minaxque,
Attamen in pœnæ nomine lene fuit,
Quippe relegatus, non exul dicor in illo,
Parcaque fortunæ sunt data verba meæ (2).

Dans une autre élégie (3), il explique à sa femme comment sa situation diffère de celle de l'exilé et du déporté :

Quod te nescio quis per jurgia dixerit esse
Exulis uxorem littera questa tua est.
. . . .
Fallitur iste tamen quo judice nominor exul :
Mollior est culpam pœna secuta meam.
. . . .

(1) Cic., Epist. fam., xi, 16 : « A consule Gabinio relegatus est, quod ante id tempus civi Romano contigit « nemini. » L'exemple que nous venons de voir dans Tite-Live prouve que la pensée de Cicéron doit s'entendre dans ce sens que ce qui était sans précédent, c'était non pas la relégation elle-même, mais la relégation appliquée à un citoyen romain par un magistrat.

(2) Ovides, Tristes, ii, 135.

(3) Ovides, Tristes, v, 11.

Quassa tamen nostra est, non fracta nec obruta puppis,
Utque caret portu, sic tamen exstat aquis.
Nec vitam, nec opes nec jus mihi civis ademit,
Quæ vitio merui perdere cuncta meo,
Sed quia peccati facinus non adfuit illi,
Nil nisi me patriis jussit abesse focis;
Utque aliis, numerum quorum comprendere non est,
Cæsareum numen, sic mihi mite fuit :
Ipse relegati, non exulis utitur in me
Nomine (3).

L'histoire de la République nous fournit quelques exemples d'une autre forme de la *capitis deminutio media* ou *minor*, dont nous n'avons pas encore parlé, dans des lois et des sénatus-consultes autorisés par une loi qui enlevaient à des municipes le droit de cité. Tite-Live expose (1) la procédure suivie après la prise de Capoue, qui était passée du côté d'Annibal, contre les Campaniens qui étaient citoyens romains bien qu'ils n'eussent que la *civitas sine suffragio*. Conformément à l'avis de M. Atilius Regulus, qui pose en principe que le Sénat ne peut pas prononcer seul (injussu populi) sur les Campaniens, en raison de leur qualité de citoyens, le tribun du peuple, L. Atilius, proposa et fit voter par les comices une *rogatio* qui ratifiait d'avance le sénatus-consulte par lequel le Sénat allait fixer le sort de ceux qui étaient mis en cause. La haute assemblée, dès lors

(1) XXVI, 33-34.

régulièrement saisie, prononça une série de sentences qui portaient pour chaque famille des peines différentes, et, par une mesure collective, priva du droit de cité et du droit latin les Campaniens, les Atellans, les Calatiniens, les Sabatiniens (1). Dans le discours *pro domo*, nous trouvons mentionnée une loi centuriate enlevant aux municipaux de Volaterra leur droit de cité ; mais, nous y voyons aussi que la légalité de cette décision rendue sur la proposition du dictateur Sylla, ne fut pas reconnue dans la suite (2).

§ 7. — Comment on recouvre le droit de cité.

En vertu de la fiction juridique connue sous le nom de *jus postliminii*, qui remettait les personnes et les choses dans l'état où elles se trouvaient avant de passer au pouvoir de l'ennemi, le citoyen qui avait été fait prisonnier de guerre et, comme tel, était devenu l'esclave du peuple entre les mains duquel il était tombé, reprenait ses droits lorsqu'il rentrait sur le territoire

(1) Campanos omnes, Atellanos, Calatinos, Sabatinos, extra quam qui eorum, aut ipsi, aut parentes eorum, apud hostes essent, liberos esse jusserunt, ita ut nemo eorum civis Romanus aut Latini nominis esset. (Tite-Live, XXVI, 34.)

(2) Pro domo, XXX.

Romain. Mais les législateurs de Rome avaient pris leurs précautions pour empêcher que la perspective du *jus postliminii* ne pût devenir en aucun cas un dissolvant de l'esprit militaire. En effet, s'il avait été applicable sans exception, il serait peut-être arrivé qu'au lieu de s'exposer sans ménagement pour remplir son devoir, plus d'un citoyen se serait trop facilement résigné à tomber au pouvoir de l'ennemi, avec l'assurance que s'il était mis en liberté à la paix signée, tous ses droits lui seraient rendus. Aussi deux conditions étaient-elles exigées pour invoquer le bénéfice du *jus postliminii* ; il fallait : 1° Que le citoyen fût tombé au pouvoir de l'ennemi *sans son consentement*, c'est-à-dire que les transfuges et ceux qui ne s'étaient pas défendus jusqu'à la dernière extrémité, étaient exceptés, et il en était de même de ceux qui restaient chez l'ennemi sans y être retenus de force ; qui, par exemple, n'avaient pas rejoint les Romains quand cela leur eût été possible. 2° Qu'une fois rentré à Rome, il n'y eût chez lui aucun esprit de retour parmi les ennemis. Le *deditus*, c'est-à-dire celui qui avait été livré à l'ennemi par le *père patrat*, comme nous l'avons vu plus haut, ne bénéficiait du *jus postliminii*, dans le cas où l'ennemi refusait de le recevoir, que moyennant un acte spécial par lequel il était réintégré dans le corps des citoyens (a nobis receptus) ; c'était d'ailleurs une question controversée parmi les anciens. Ceux qui avaient subi une condamnation infamante, comme les *fures manifesti*, les *incensi* et les citoyens qui s'étaient dérobés au service militaire, ne pouvaient pas invoquer le *jus postliminii*. Cicéron nous explique (1) le motif de cette exception : en négligeant de se faire inscrire sur les registres du cens ou en refusant le service militaire, un citoyen abdique lui-même sa propre qualité. Pour la même raison, un père qui vendait son fils à l'étranger ne reprenait pas ses droits sur lui s'il revenait à Rome : il avait, en effet, renoncé lui-même au pouvoir paternel. Quant au fils, reprenait-il sa qualité de citoyen avec cette différence que, *alieni juris* avant son départ, il devenait à son retour *sui juris*, puisque l'autorité paternelle ne s'exerçait plus sur lui, ou bien était-il excepté du *jus postliminii* en vertu de cette considération que la qualité de citoyen Romain ne pouvait pas être rendue à un homme qui avait été rejeté de sa propre famille ? Les jurisconsultes, paraît-il, n'étaient pas d'accord sur ce point, jusqu'au jour où un rescrit d'Antonin trancha la question dans le sens favorable au fils de famille (2). En dehors de ces cas, l'application du *postliminium* n'était pas contestée ; le citoyen qui s'était exilé à la suite de *l'interdictio aqua et igni* ou pour prévenir une condamna-

(1) Cic. pro Cæcina, XXXIV.

(2) Voir M. Marin, théorie du postliminium, Rennes 1878.

tion, pouvait être rappelé et rétabli dans ses droits par un plébiscite ou une loi ; c'est ainsi que Cicéron, après dix-sept mois d'exil, fut rappelé par un décret du sénat que les suffrages unanimes des centuries convertirent en loi. Sous l'empire, la réintégration des exilés était prononcée par l'empereur seul (1), ou d'accord avec le sénat consulté (2).

§ V. — La naturalisation.

Si l'on n'était pas né citoyen Romain, on pouvait le devenir par des moyens qui forment ce que l'on appelle chez les modernes, la naturalisation. Le *jus civitatis* était conféré avec ou sans suffrage, individuellement ou collectivement, par le peuple (jussu populi), sous la forme d'une loi votée par les tribus qui ont enlevé au Sénat cette prérogative, comprise dans sa compétence quand elle n'avait pas encore été entamée par les progrès de la démocratie. Un magistrat pouvait aussi conférer le droit de cité, mais à condition qu'une loi spéciale eût remis entre ses mains le pouvoir du peuple, nécessaire pour cette collation. C'est ainsi que la loi *Apuleia* autorisait Marius à faire trois citoyens dans chaque

(1) Suétone, Caligula, XV.
(2) Idem, Claude. XII,

colonie nouvelle qu'il établirait (1). De même, une loi *Cornelia* ordonnait que l'on reconnût comme citoyens ceux que Pompée, sur avis conforme de son conseil, aurait gratifiés individuellement du titre de citoyens (2), dans la province d'Espagne où il avait été envoyé contre Sertorius. L. Cornelius Balbus, né à Cadix, et que Cicéron défendit contre une accusation qui lui contestait la qualité de citoyen, avait reçu ce droit de Pompée : la validité en fut reconnue, et il parvint au consulat l'an de Rome 714. Dans ce discours, le grand orateur et homme d'état Romain proclame la collation du droit de cité une des mesures qui ont le plus contribué à l'extension de la puissance Romaine, et il en fait remonter le premier exemple jusqu'au traité conclu par Romulus avec les Sabins (3). En effet

(1) .... Ut in singulas colonias ternos cives Romanos facere posset. (Cicéron. pro Balbo, XXI).

(2) .... Ea lege quam L. Gallius, Cn. Cornelius, ex senatus consulto tulerunt; qua lege videmus satis esse sanctum uti cives Romani sint ii quos Cn. Pompeius, de consilii sententia, singillatim civitate donarit. (Cicéron, pro Balbo, VII.)

(3) Illud vero, sine ulla dubitatione, maxime nostrum fundavit imperium et populi Romani nomen auxit, quod princeps ille creator hujus urbis Romulus, fœdere Sabino docuit etiam hostibus recipiendis augeri hanc civitatem oportere. Cujus auctoritate et exemplo nunquam est intermissa a majoribus nostris largitio et communicatio civitatis. (Cicéron, pro Balbo, XIII).

des causes nombreuses, sur lesquelles nous aurons à revenir en étudiant l'économie politique des Romains, auraient promptement épuisé la population libre de Rome, comme fut épuisée à Sparte la population des citoyens, si elle ne s'était pas recrutée par l'affranchissement et la naturalisation. Les guerres étrangères faisaient des vides nombreux; la guerre sociale, qui ne dura que trois ans, enleva à l'Italie 300,000 hommes, dit Velleius, et fut plus meurtrière que les luttes contre Pyrrhus et contre Annibal (1). Les guerres civiles presque continuelles qui troublent l'Italie depuis Marius et Sylla jusqu'au jour où Auguste eut consolidé son pouvoir, ne sont pas moins sanglantes, et des armées considérables dans lesquelles les citoyens, s'ils n'y sont pas seuls, tiennent du moins une grande place, sont sans cesse sur pied : nous voyons, par exemple, dans Plutarque (2) qu'Octave et Antoine, avant de marcher contre Brutus et Cassius, passèrent en revue à Modène trente neuf légions, et l'armée du parti contraire, bien que moins nombreuse, était cependant très-forte. Or, à partir de l'époque où, les armées devenant permanentes, la vie militaire commença à être prise comme un métier, c'est-à-dire depuis Ma-

(1) Nec Annibalis, nec Pyrrhi tanta fuit vastatio. (Vell., II, 15).

(2) Plutarque, Brutus.

rius, le célibat imposé aux soldats comme une des bases de la discipline Romaine, devint une cause de plus en plus active de l'appauvrissement de la population civique, à mesure que les armées furent plus nombreuses. Les citoyens enrôlés dans les légions y passaient de longues années et au bout de cette période, rentrant dans la vie civile, ils y apportaient des habitudes qui les rendaient aussi impropres à fonder et à élever une famille, qu'à tirer parti, dans leur intérêt et dans celui de la société, des biens des proscrits ou des territoires des villes vaincues qu'on leur distribuait. On peut en juger par le portrait que nous a laissé Cicéron des anciens soldats de Sylla dont celui-ci avait formé des colonies, et qui, après s'être ruinés par des prodigalités de toute sorte, se jetèrent dans le parti de Catilina, attirés par l'espoir de refaire promptement leur fortune et « n'ayant plus dit-il, d'autre ressource que de ramener Sylla des enfers (1). »

Appien nous montre également, pendant les journées qui suivirent les ides de Mars, les vétérans répandus en foule dans la ville où ils étaient

(1) ... Hi sunt coloni qui se in insperatis repentinisque pecuniis sumptuosius insolentiusque jactarunt. Hi dum ædificant, tanquam beati, dum prædiis, lecticis, familiis magnis, conviviis apparatis delectantur, in tantum aes alienum inciderunt, ut, si salvi esse velint, Sulla sit iis ab inferis excitandus. (Cic., Cat., II, 9).

accourus, les uns par simple désœuvrement, pour chercher dans les plaisirs qu'offre une grande capitale, des distractions plus attrayantes que les rudes labeurs de l'agriculture et la vie monotone de la campagne, les autres pour s'enrôler dans les expéditions attendues ; ils se font remarquer par leur attitude séditieuse et insolente dans les assemblées où ils soutiennent les plans d'Antoine, avec un zèle parfois compromettant, et la veille du jour où le sénat se réunit dans le temple de Tellus, ils exercent à domicile une pression menaçante sur ceux des sénateurs qu'ils croient disposés à voter contre la ratifica-cation des actes de César duquel ils tiennent leurs biens. De pareils hommes étaient assuré-ment impropres à fournir à l'Italie appauvrie d'utiles cultivateurs et à faire souche de citoyens ; le célibat militaire et les habitudes de la vie des camps étaient donc, depuis le dévelop-pement des armées permanentes dans la société romaine, une cause de dépopulation, à laquelle les colonies de vétérans n'apportaient qu'une compensation aussi insuffisante que moralement défectueuse. Il faut en ajouter beaucoup d'autres dont nous rendrons compte en étudiant l'éco-nomie politique des Romains : la décadence de l'agriculture et la diminution des produits, qui entraîne toujours une diminution correspon-dante dans la population ; la désertion des cam-pagnes abandonnées pour la ville où les prolétaires menaient une vie misérable, sans dignité, mais presque sans travail ; la corruption effrayante des mœurs, souillées par les vices les plus immondes, l'exposition des enfants, et, dans les classes riches ou aisées, les avantages assurés à quiconque, n'ayant pas d'enfants qui eussent droit à son héritage, trouvait dans les captateurs de testaments, un empressement et une obséquiosité sans limites. Cette chasse aux testaments était pratiquée longtemps avant l'époque où Pétrone, qui en a vu la mode dans toute sa fureur, nous a tracé cette peinture des mœurs de Rome qu'il représente sous le nom de Crotone : « Il n'y a, dit-il, que deux classes de « citoyens, des adoptés et des adoptants. Per- « sonne n'élève d'enfants, car ceux qui ont des « héritiers directs ne sont admis ni aux festins, « ni aux spectacles publics ; exclus de tous « les avantages, ils sont classés parmi les gens « tarés. Au contraire, ceux qui ne sont pas « mariés et n'ont pas de parents proches, « arrivent au faîte des honneurs. Eux seuls sont « jugés dignes des emplois de l'armée, sont « réputés les plus braves et même les plus ver- « tueux. » Les lois souvent renouvelées depuis l'an de Rome 554, où nous trouvons mentionnés pour la première fois dans un discours de Scipion pendant sa censure (1), des encouragements au

(1) A. Gell., x, 19.

mariage, sous la forme d'immunités accordées déjà à cette époque, aux pères d'enfants légitimes, jusqu'à la législation d'Auguste, qui prétendait imposer le mariage à partir d'un âge déterminé, furent impuissantes contre les tendances des mœurs, si naïvement accusées par le discours de Metellus Macedonicus, censeur en 622 : « Si sine uxore, Quirites, possemus esse, « omnes ea molestia careremus ; sed quoniam ita « natura tradidit ut nec cum illis satis com- « mode, nec sine illis ullo modo vivi posset, « saluti perpetuæ potius quam brevi voluptati « consulendum (1) ». Le mariage n'était donc, aux yeux du censeur, qu'un mal nécessaire que le sage devait accepter comme tel, et c'était si bien l'opinion des meilleurs parmi les Romains, qu'un personnage dont le jugement faisait autorité, puisqu'Aulu Gelle le croit digne d'être rapporté, félicite Métellus d'avoir parlé dans cette circonstance, non comme un rhéteur qui emploie sans scrupule les artifices et les mensonges par lesquels il croit pouvoir persuader ses auditeurs en les trompant, mais comme un magistrat qui ne doit dire que la vérité, surtout dans une question où chacun était instruit par le spectacle ou l'expérience de la vie réelle (2).

(1) A. Gell., I, 6 ; L'épitome de Tite-Live, 4, IV, montre qu'il s'agit de Metellus Macedonicus et non de Metellus Numidicus, comme le dit Aulu-Gelle.

(2) Titus autem Castricius recte atque condigne

La naturalisation et l'affranchissement, en admettant dans la cité des étrangers et des esclaves, ne suffisaient pas à assurer le développement de la population, qui se recrutait trop peu par elle-même, et malgré ces ressources, le nombre des hommes libres allait sans cesse diminuant en Italie. On a souvent cité à ce sujet un texte de Polybe constatant que, dans l'intervalle entre la première et la seconde guerre punique, Rome pouvait lever, chez elle et chez ses alliés italiens, sept cent soixante-dix mille hommes, ce qui suppose une population libre de trois millions d'habitants au moins. Mais quand on ajoute, en termes plus précis, que le recensement de l'an de Rome 683 ne donna que quatre cent cinquante mille citoyens de dix-sept à soixante ans, il ne faut pas établir une proportion correspondante au chiffre énoncé par l'auteur grec. Polybe, en effet, parle de toute la population

Netellum esse locutum existimabat. Aliter, inquit, censor loqui debet, aliter rhetor; rhétori concessum est sententiis uti falsis, audacibus, subdolis, captiosis, si modo verisimiles sunt et possunt ad movendos hominum animos qualicumque astu irrepere......... Sed enim Metellum, inquit, sanctum virum illa gravitate et fide præditum, cum tanta honorum atque vitæ dignitate, apud populum romanum loquentem, nihil decuit aliud dicere quam quod verum sibi esse atque omnibus videbatur. præsertim cum super ea re diceret quæ quotidiana intelligentia et communi pervulgatoque vitæ usu compréhenderetur. (A. Gell., I, 6.)

libre des régions indiquées ; or, il s'en faut de beaucoup qu'elle ait été en masse transformée en population romaine par les lois *Julia* et *Plautia*. La condition exigée pour la collation du droit de cité aux alliés, c'est-à-dire l'inscription personnellement réclamée à Rome dans un délai déterminé, réduisit de beaucoup l'effet de cette législation : l'accroissement du nombre des citoyens ne s'éleva guère à plus d'un quart.

Mais la diminution de la population civique est attestée par Tite-Live (1) qui raconte que, l'an 406 de Rome, le sénat ayant deux guerres étrangères sur les bras, contre les pirates Grecs et contre les Gaulois, et redoutant une défection des alliés, eut recours à une levée extraordinaire qui lui permit à la fois d'intimider les Latins chancelants et de tenir tête aux étrangers. Les consuls réussirent à mettre sur pied tout d'un coup, tant dans la ville que sur son territoire, dix légions comptant chacune 4,200 fantassins et 300 cavaliers, c'est-à-dire 45,000 hommes. « Aujourd'hui même, dit l'historien, si « une invasion étrangère la menaçait, Rome, « dont la puissance s'étend sur l'univers, ne « pourrait pas facilement lever une telle armée ; « tant il est vrai que ce qui a grandi chez nous, « c'est seulement le luxe et la richesse qui nous

(1) Tite-Live, VII, 25.

» épuisent (1). » Si, comme le prouve d'une façon évidente ce témoignage auquel il serait facile d'en joindre d'autres, le nombre des citoyens de 17 à 60 ans ne dépassait pas en 683 le chiffre de 450 mille, ce n'est pas seulement parce que le développement de la population était arrêté par les causes que nous avons indiquées ; c'est aussi parce que la naturalisation rencontrait elle-même des obstacles qui empêchaient le gouvernement Romain de recourir dans une mesure plus large à cette ressource. Dans les temps les plus anciens, le corps des citoyens s'était accru par la conquête et l'annexion. On transportait à Rome les habitants des villes soumises, comme on le fit sous le règne de Tullius Hostilius pour ceux d'Albe-la-Longue et pour d'autres villes sous Ancus Marcius (2). A ce système du trans-

(1) Undique, non urbana tantum sed etiam agresti juventute, decem legiones scriptæ dicuntur quaternum milium et ducenum peditum, equitumque trecenorum, quem nunc novum exercitum, si qua externa vis ingruat, hae vires populi Romani quas vix terrarum capit orbis, contractæ in unum haud facile efficiant ; adeo in quæ laboramus sola crevimus, divitias luxuriamque. (Tite-Live, VII, 25.)

(2) Ancus, demandata cura sacrorum flaminibus sacerdotibusque aliis, excercitu novo conscripto profectus, Politorium, urbem Latinorum vi cepit, secutusque morem regum priorum qui rem Romanam auxerant hostibus in civitatem accipiendis, multitudinem omnem Romam traduxit, et cum circa Palatium sedem veteres Romani,

port des populations vaincues qui étaient admises directement dans le corps des citoyens, succéda l'usage de laisser dans les villes conquises leurs anciens habitants auxquels on donnait la condition de *cives sine suffragio*, en leur enlevant une partie de leurs terres, ou d'y envoyer des citoyens de Rome : c'est là l'origine des municipes et des colonies, qui formaient non pas des *civitates*, c'est-à-dire des états, puisque leurs habitants étaient citoyens de Rome, et non des villes où ils résidaient, mais des communes dépendant de Rome. A partir de la grande guerre du Latium, sauf un petit nombre de colonies de citoyens Romains établies à l'époque des guerres Puniques, l'extension du droit de cité s'arrête, de telle sorte que le territoire occupé par des citoyens Romains forme autour de Rome un cercle dont le rayon n'a qu'une trentaine de lieues ; et même la plupart des municipes, surtout ceux qui ont reçu les premiers le droit de suffrage, par exemple Tusculum et Lanuvium, sont beaucoup moins éloignés du centre (1).

La conception primitive de l'Etat romain, reposant sur la participation directe du peuple

Sabini Capitolium atque arcem, Cælium montem Albani implessent, Aventinum novæ multitudini datum. Additi haud multo post, Tellenis Ficanaque captis, novi cives. (Tite-Live, I, 33.)

(1) Voir Madvig, l'état romain, trad. Morel, tome 1er p. 27.

au gouvernement, ne permettait pas d'étendre plus loin la cité, comme nous l'avons montré ailleurs (1). Pour reculer ces limites, il aurait fallu que Rome substituât dans son droit politique, à la notion de la cité dont les cadres étaient déjà trop élargis, la notion de la nation. Or, c'est là ce que les hommes d'Etat romains n'ont pas compris, et nous avons déjà fait observer que ce passage de l'état de cité à l'état de nation a été l'écueil contre lequel finit par se briser l'antique constitution de la république romaine, dans laquelle la disproportion entre le corps social et ses organes explique tous les désordres au milieu desquels elle succomba. Mais si l'esprit des Romains ne semble pas avoir compris la nécessité des réformes qu'exigeait le progrès de la puissance de Rome entrée dans une nouvelle phase de son histoire, c'est que, dans cette question, des considérations intéressées obscurcissaient les intelligences. En effet, la possession du titre de citoyen romain conférait des privilèges qui excitaient l'envie des populations soumises au milieu desquelles résidaient ceux qui en étaient munis. Rome, enrichie par le pillage des contrées opulentes, était devenue un séjour de délices vers lequel affluaient non-seulement les plébéiens, sûrs de trouver dans la clientèle dont les grands aimaient

(1) Voir tome I.

à s'entourer, une existence facile qu'ils préféraient aux rudes labeurs de l'agriculture, mais même les habitants des villes latines ou italiennes, qui cherchaient à se glisser dans les cadres des citoyens. Tite-Live nous apprend que l'an de Rome 595, les ambassadeurs latins qui avaient obtenu une audience du Sénat, s'étant plaints qu'un grand nombre de leurs citoyens eussent émigré à Rome, où ils s'étaient fait inscrire sur les registres du cens, le préteur M. Terentius Culleo fut chargé d'une enquête qui eut pour résultat d'obliger douze mille Latins à quitter la ville, « surchargée d'une multitude d'étrangers (1). » Dix ans après, nouvelles plaintes des magistrats latins qui déclarent au Sénat que, si l'émigration continue, leurs villes et leurs campagnes désertées ne seront bientôt plus en état de fournir les contingents de soldats. Pour réussir à se faire inscrire sur les registres du cens, les émigrants avaient recours à deux subterfuges légaux.

Une loi, dans laquelle on doit remarquer, dès cette époque, un exemple de ces primes par lesquelles le législateur, devançant la politique d'Auguste, cherchait à encourager le mariage et la fécondité dans la population libre, accor-

(1) Hac conquisitione duodecim milia Latinorum domos redierunt, jam tum multitudine alienigenarum urbem onerante, (Tite-Live, XXIX, 3).

dait aux alliés latins la faculté de devenir citoyens romains, sous la condition de laisser dans leur ville natale un rejeton qui pût y perpétuer leur famille. Pour éluder cette condition, les Latins, en allant s'établir à Rome, vendaient leurs enfants à des Romains en stipulant avec ceux-ci un affranchissement qui leur permettait ensuite de rester à Rome comme citoyens affranchis. D'autres, n'ayant pas d'enfants à laisser derrière eux, se vendaient eux-mêmes à des Romains avec stipulation d'un affranchissement ultérieur qui leur assurait le même avantage. Plus tard, on négligea même ces subterfuges, et au mépris de toute loi, sans remplir aucune des conditions exigées, les Latins allaient à Rome et se faisaient inscrire sur les registres du cens (1). Ces passages de Tite-Live prouvent d'une façon péremptoire combien étaient enviés les privilèges attachés au droit de cité qui,

(1) Genera autem fraudis duo mutandæ viritim civitatis inducta erant. Lex sociis ac nominis Latini qui stirpem ex sese domi relinquerent, dabat ut cives Romani fierent. Ea lege male utendo, alii sociis, alii populo Romano injuriam faciebant. Nam et, ne stirpem domi relinquerent, liberos suos quibusquibus Romanis in eam conditionem ut manumitterentur, mancipio dabant, libertinique cives essent; et quibus stirps deesset quam relinquerent, cives Romani ii fiebant. Postea his quoque imaginibus juris spretis, promiscue sine lege, sine stirpe, in civitatem Romanam per migrationem et censum transibant. (Tite-Live, XLI, 8).

outre la participation aux comices, aux jeux et aux fêtes, dont l'effet était de transformer en citoyens oisifs un nombre croissant d'agriculteurs, comprenait aussi, depuis la conquête de la Macédoine par Paul Émile, l'an 584 de Rome, l'exemption de l'impôt foncier. Or, la masse de ceux qui jouissaient de ces privilèges avait peur qu'ils ne s'amoindrîssent en se communiquant, et l'oligarchie qui gouvernait par l'organe du Sénat, dans le corps duquel s'était concentré de plus en plus le pouvoir exécutif, se croyait intéressée à seconder cette jalousie de la multitude; n'ayant plus d'ennemis extérieurs à redouter, elle ne recherchait plus l'accroissement de la population libre, qui, plus nombreuse, eût été moins facilement tenue sous sa dépendance. Elle ne se souciait pas non plus de gratifier le peuple à ses dépens en lui faisant sa part dans les terres du domaine public qu'elle usurpait, et si, en théorie, il gardait la puissance législative, en réalité, elle le gouvernait à sa guise en entretenant chez lui la paresse, la misère et la vénalité; c'est pour cela, qu'à partir de la conquête de la Macédoine, le Sénat n'envoie presque plus de colonies et ne distribue plus de terres conquises.

Quand Caius Gracchus, vers la fin de son second tribunat, proposa, de concert avec son collègue Marcus Flaccus, malgré un premier échec déjà essuyé par lui dans cette question, la loi qui conférait le droit de cité aux Latins, et le droit Latin à tous les autres fédérés Italiques, il échoua de nouveau devant la coalition du peuple et du sénat. Le hasard nous a conservé un fragment du discours prononcé, pour combattre le projet de loi, par le consul Caius Fannius : « Ainsi vous croyez, disait-il, que quand vous « aurez donné la cité aux Latins, vous serez ce « que vous êtes en ce moment devant moi ; que « vous trouverez encore votre place dans les « comices, dans les jeux, dans les amusements « publics ? Ne voyez-vous pas que ces gens « rempliront tout. » Au ve siècle, dit M. Mommsen auquel nous empruntons ce passage (1), le peuple qui, dans un seul jour, fit citoyens tous les Sabins, n'eût pas manqué de siffler et de conspuer l'orateur ; au VIIe siècle, les raisons du consul lui semblent excellentes : il croirait payer trop cher à ce prix les assignations offertes par Gracchus sur le domaine Latin. — Le sénat ayant réussi à expulser de la ville, le jour du vote, tous les non-citoyens, il était facile de prévoir le sort réservé à la motion. Un collègue du tribun, Livius Drusus, déclara tout d'abord son intercession, et le peuple accueillit son veto de telle façon que Caius Gracchus n'osa plus ni pousser les choses plus loin, ni traiter Drusus comme son frère avait traité Marcus Octavius

(1) Mommsen, *Hist. rom.*, IV, chap. 3.

en 620. Et cependant Caius Gracchus ne se trompait pas en reconnaissant que le moment était venu d'élargir les cadres de la cité en y faisant entrer, au moins progressivement, ces peuples de l'Italie qui, après avoir contribué à fonder la grandeur de Rome, ne pouvaient pas manquer de réclamer tôt ou tard leur participation aux avantages qu'assurait le titre de citoyen Romain. Tant que Rome avait senti qu'elle ne pouvait pas se passer de leur concours pour résister à l'ennemi extérieur, elle avait ménagé soigneusement ses alliés Italiques ; quand elle fut délivrée de toute crainte, les ménagements cessèrent de son côté, la patience et les concessions cessèrent du côté de ses alliés.

On se mit à les traiter avec une dureté dont nous trouvons les exemples dans des fragments de discours de Caius Gracchus rapportés par Aulu Gelle. Un jour, c'est un consul romain qui se rend à Sidicinum avec sa femme. Le questeur local reçoit l'ordre de faire évacuer les bains d'hommes où la femme du magistrat romain a la fantaisie de se baigner : l'ordre n'ayant pas été exécuté assez promptement, et les bains ne se trouvant pas tels qu'on les souhaitait, le magistrat de Sidicinum est dépouillé de ses vêtements et battu de verges. A Ferentinum, pour le même motif, un préteur romain fait subir le même traitement à l'un des questeurs de l'endroit, l'autre n'y échappe qu'en se précipitant du haut d'un mur. A Venuse, un jeune prolégat romain revenant d'Asie avait fait arrêter sa litière et un malheureux bouvier qui, en plaisantant, avait demandé aux porteurs si c'était un mort qui voyageait dans cet équipage, est battu jusqu'à ce que mort s'ensuive avec les courroies du véhicule (1). Poussés à bout par les injures et encouragés dans leurs espérances par les Gracques, par le consul M. Fulvius Flaccus, en 125, et surtout, en 91, par le tribun M. Livius Drusus, les Italiens, toujours déçus par la résistance du Sénat, finirent par organiser un soulèvement qui fit courir à Rome les plus grands dangers. La guerre des Alliés (bellum sociale, bellum Marsicum), dont les péripéties ne nous sont connues que par le récit de Velleius Paterculus, le premier livre des guerres civiles d'Appien et l'*Epitome* de Tite-Live, eut pour conséquence la concession aux Italiens des droits que Rome leur refusait avant de les avoir vaincus. La loi Julia, rendue en 90, sur la proposition du consul L. Julius Cæsar, et complétée en 89 par la loi Plautia Papiria, présentée par deux tribuns du peuple, accorde le droit de cité à tous les habitants libres domiciliés en Italie, y compris la Gaule cispadane, à condition de faire leur déclaration devant le préteur dans un délai de soixante jours.

(1) A. Gelle, x, 3.

Les habitants qui n'avaient pas bénéficié de la loi Plautia Papiria, tels que les Samnites, obtinrent la cité en 87, par un sénatus-consulte ; la Gaule cisalpine avait acquis le même droit en 89 et la Gaule transpadane le reçut en 49 : A partir de cette dernière date, l'Italie a une situation uniforme, tous les Italiens sont citoyens romains. Après la mort de César, qui avait établi des colonies de citoyens romains, formées de ses anciens soldats, à Dyrrachium, à Corinthe, à Philippes, Auguste, à son tour, fonde des colonies de citoyens romains extra-italiques en Gaule et en Afrique, par exemple à Utique et à Tingis, et élève au rang de colonies romaines Syracuse et plusieurs villes de la Sicile. Le droit de cité était aussi conféré individuellement à des personnages influents dans les provinces ; en Gaule, par exemple, c'était un moyen dont on se servait pour attacher à la politique romaine des alliés utiles dans les familles des chefs gaulois. Nous voyons, dans Tacite, qu'il en avait été ainsi pour les ancêtres de Julius Florus parmi les Trevires (1). Cependant, Auguste recommanda, dit-on, avant de mourir, de ne pas prodiguer le droit de cité qu'il n'accordait qu'avec une certaine réserve, en même temps

(1) Nobilitas ambobus et majorum bona facta, eoque Romana civitas olim data, cum id rarum nec nisi virtuti pretium esset. (Tacite, *Ann.*, III, 40).

qu'il s'efforçait de restreindre les affranchissements pour défendre la pureté de la population civique contre l'envahissement des éléments étrangers et serviles (1).

Tibère se conforma, dans une certaine mesure, à cette recommandation, mais les empereurs suivants conférèrent d'une façon plus large le droit de cité, soit individuellement, soit collectivement, tout en maintenant la distinction des citoyens et des non citoyens, de telle sorte que la population des provinces présenta de plus en plus le même spectacle qu'offrait l'Italie avant les lois Julia et Plautia Papiria, c'est-à-dire un mélange de peuples, de villes et d'individus qui vivaient ensemble ou côte à côte dans les conditions les plus différentes, jusqu'au jour où Caracalla, dans un but purement fiscal, étendit le droit de cité à tous les habitants libres de l'empire, afin de faire peser sur un plus grand nombre de contribuables l'impôt du vingtième sur les successions, qui n'atteignait que les citoyens romains, en même temps qu'il portait cet impôt du vingtième au dixième. (212 après J.-C.) On retrouve toutefois après cette époque, à côté des citoyens, des pérégrins qui se recru-

(1) Dion Cassius, LVI, 33; Suétone, *Octave*, 40 : Magni præterea æstimans sincerum atque ab omni colluvione peregrini ac servilis sanguinis incorruptum servare populum, et civitatem Romanam parcissime dedit et manumittendi modum terminavit.

taient parmi les personnes affranchies postérieurement sans qu'on eût observé pour leur affranchissement toutes les formes légales.

§ VI. — Analyse du droit de cité

Les droits compris daus la *civitas* se divisent en *jura privata* et en *jura publica*. Les premiers peuvent se ramener à deux droits principaux : le *jus conubii* et le *jus commercii*. Le *jus conubii* est le droit de contracter un mariage produisant la puissance paternelle en tant qu'elle est un *jus proprium civium Romanorum* Le *jus commercii* confère principalement le droit de propriété conforme au droit civil Romain (dominium.) Ceux qui n'ont pas le *jus civitatis* ne sont soumis, dans le domaine privé, qu'au *jus gentium* ; en outre ils sont privés des droits politiques qui sont de deux catégories. La première catégorie se compose des droits proprement dits qui sont :

1° Ceux qui protègent la liberté des citoyens ;

Jus provocationis, c'est-à-dire droit d'appel devant les comices centuriates pour les sentences capitales, et devant les comices tributes pour les amendes ;

Appellatio, c'est-à-dire appel des actes d'un magistrat devant son collègue ou devant un autre magistrat plus élevé dans la hiérarchie des pouvoirs publics ;

Auxilium tribunicium, c'est-à-dire recours à la protection d'un tribun du peuple ;

Faculté de se soustraire à une peine capitale ou infamante par l'exil volonteire ;

Jus suffragii, ou droit de voter ;

Jus honorum, ou droit de prétendre aux honneurs.

La seconde catégorie se compose de droits qui sont en même temps des charges :

Jus sacrorum ou participation aux *sacra publica* et aux *sacra privata*, c'est-à-dire au culte privé ;

Jus censendi, c'est-à-dire le droit et l'obligation de se faire recenser ;

Jus tributi, c'est-à-dire l'obligation de payer, dans les cas exceptionnels où le sénat l'exigea, le *tributum ex censu* ou impôt direct proportionnel au cens, qui cessa d'être perçu depuis la conquête de la Macédoine en 167 avant notre ère.

Jus militiae, c'est-à-dire le droit et l'obligation de servir soit dans la cavalerie, soit dans les légions.

Nous avons étudié les *jura publica* en traitant des assemblées, des magistratures, des institutions militaires et religieuses; nous donnerons les renseignements nécessaires relativement aux *jura privata* dans le dernier chapitre consacré spécialement aux notions de droit romain.

D. D.

5e PARTIE

LES NON-CITOYENS

§ 1er. — Notions générales

Quiconque n'était pas inscrit dans une tribu et recensé comme citoyen romain était étranger (*peregrinus*) ; en général, même s'il habitait Rome, il faisait partie d'un peuple rattaché au gouvernement romain par un lien de sujétion quelconque, sans être investi de la *civitas*, ou par un traité qui, lui donnant le titre d'hôte ou d'allié des Romains, lui laissait une indépendance plus nominale que réelle qui préparait son assujettissement. Les termes *peregrinus, populi peregrini, nationes exterae* comprennent donc tous les non-citoyens qui constituent l'*imperium romanum*, et même les peuples qui ont avec Rome un traité d'alliance (socii) ; l'expression *exterae nationes* s'emploie aussi pour désigner les *provinciaux* (1). On appelait *barbari* les peuples qui restaient complétement en dehors de la civilisation et de la sphère d'action de Rome, sans relations et sans droits réciproques avec elle. Les Romains respectaient en temps de paix la personne et la propriété du *peregrinus*; ils observaient envers lui les règles du *jus gentium* et du droit spécial de sa propre cité s'il appartenait à une association déterminée; s'il n'appartenait à aucune association déterminée, comme le citoyen qui, livré aux ennemis par ordre du Sénat pour avoir signé une contravention que celui-ci refusait de ratifier, n'avait pas été reçu par eux et, par suite, avait perdu la cité romaine sans revêtir la nationalité du peuple qui le repoussait, ainsi que le reconnaît Cicéron à propos d'Hostilius Mancinus et des Numantins (2), les Romains lui appliquaient les règles du *jus gentium*, considéré comme équivalent et synonyme du *jus naturale*. En effet, les Institutes (3) attestent formellement cette synonymie et, comme l'explique fort bien M. Accarias (4), le vrai sens de la division

(1) Ut nationes exteræ (les provinciaux) legatum ad populum Romanum mitterent ut lex de pecuniis repetundis tolleretur. (Cic., *In Verr.*, I, 14).

(2) Cic., *Pro Cæcina*, 34.

(3) § 11, *De Divis. Rer.*, II, 1.

(4) *Précis de Droit romain*, tome Ier, no 7, pages 15 et 16.

du droit privé en *jus civile* et *jus gentium* est celui-ci : « Dans toute législation, dit-il, il y a « des règles que les tribunaux du pays ne peu- « vent appliquer qu'entre nationaux : elles for- « ment le *jus civile*. Il y en a d'autres qu'ils « doivent appliquer même dans les rapports des « étrangers entre eux ou avec des nationaux : « elles forment le *jus gentium*. Ainsi qu'un « Pérégrin teste dans les formes romaines, les « tribunaux romains ne feront pas exécuter son « testament. Qu'au contraire, un Romain et un « Pérégrin s'associent, la loi romaine garantit « l'exécution du contrat. Ce sont ces résultats « qu'on exprime en classant le testament dans « le *jus civile* et la société dans le *jus gentium*. » Selon le même auteur, la synonymie des deux expressions *jus gentium* et *jus naturale* a sa source dans ce fait que les institutions que Rome a dû le plus volontiers rendre accessibles aux étrangers, sont celles qui se retrouvent partout; or, celles qui se retrouvent partout sont généralement les plus rationnelles ; les institutions comprises dans le *jus gentium* sont donc les plus conformes à la raison, dont elles sont l'expression, tandis que les institutions du *jus civile*, qui reflète surtout le caractère national des Romains, sont plus arbitraires et réservées à ces derniers. Le *jus naturale* et le *jus gentium*, tout en désignant les mêmes institutions, diffèrent en ce que la première expression met plus spécialement en lumière leur origine rationnelle, tandis que la seconde les montre plutôt au point de vue technique et pratique.

En temps de guerre, le Pérégrin devenait *hostis*, terme qui, dans l'ancienne langue latine, avait le sens de *peregrinus* (1) avant de prendre celui d'ennemi, dans lequel il remplace le mot de *perduellis*. L'acception primitive de *hostis* eût été celle d'*égal*, si l'on en croit Festus (2), qui le fait dériver de *hostire*, synonyme de *aequare*, et elle rappellerait une époque où des affaires judiciaires et des questions politiques pouvaient être débattues avec des peuples alliés et complétement indépendants; mais quand l'esprit de conquête se fut développé chez les Romains, ils n'eurent plus de rapports qu'avec des nations soumises que les traités d'alliance ne mettaient pas sur le pied de l'égalité avec eux. Dès lors, le terme *hostis* changea d'acception et le terme *peregrinus* désigna, comme nous l'avons dit, tous les non-citoyens qui formaient l'*imperium romanum*.

Cependant, si la *peregrinitas* forme, à côté de la *civitas*, une distinction tranchée, il s'en faut qu'elle désigne une situation unique; elle s'applique, au contraire, à des conditions fort variées dont nous passerons en revue tous les types

(1) Cic., *De Off.*, I, 13.

(2) Festus, status dies, redhostire.

principaux, en commençant par le groupe le plus favorisé, c'est-à-dire pour les Latins qui, participant à quelques-uns des droits compris dans la *civitas*, forment, en quelque sorte, une catégorie intermédiaire.

§ 2. — **Le Droit latin : Assujettissement du Latium** (1).

L'assujettissement du Latium forme la première phase du progrès de la puissance romaine. Après la ruine d'Albe la Longue, Rome a conclu un traité sur le pied de l'égalité (*aequum fœdus*) avec les Latins qui formaient alors une confédération sous la présidence d'Albe. Mais, malgré les engagements de ce traité, elle réclame bientôt le protectorat qui avait appartenu à Albe, à laquelle elle prétend se substituer, et le refus des Latins amène une guerre sous le règne de Tarquin l'Ancien. A la suite de cette guerre, les Latins restent nominalement les alliés de Rome, mais, en réalité, ils sont déjà sous sa dépendance : la grande œuvre du gouvernement des rois a été l'établissement de la suprématie de Rome dans le Latium sous la forme d'une hégémonie. Or, toute hégémonie, par la pente naturelle des choses, tend à se tranformer en une

(1) Voir Mommsen, *Hist. rom.*, tome II, chap. 5.

domination véritable ; aussi, après avoir été ébranlée par le contre-coup de la révolution intérieure de Rome, la confédération romano-latine se reconstitue-t-elle dans des conditions qui étendent les droits de la métropole. Le traité primitif portait, par exemple, que la paix ou la guerre, et les conventions avec l'étranger ressortiraient à la fois de Rome et des Latins ; en cas de guerre fédérale, Rome et le Latium avaient le même contingent à fournir, c'est-à-dire, pour chacune des deux parties contractantes, une armée de deux légions ou huit mille quatre cents hommes. L'une et l'autre avaient alternativement la nomination du général en chef, lequel, à son tour, choisissait son état-major, c'est-à-dire six tribuns militaires pour chacune des quatre divisions militaires de l'armée.

Ces règles, si elles avaient été strictement pratiquées, auraient réduit l'hégémonie de Rome à une vaine préséance, purement honorifique ; aussi avaient-elles subi, dès le temps des rois, d'importantes restrictions. Tout d'abord, la confédération perd le droit de traiter avec l'étranger et celui de nommer, une année sur deux, le général en chef : Rome s'arroge le droit de le nommer seule et de décider, également seule, de la paix et de la guerre. S'agissait-il de bâtir une forteresse fédérale, de fonder une colonie, c'était toujours une colonie Romaine qui, image de la métropole, lui était invinciblement attachée et étendait son influence en propageant ses mœurs et son droit ; dans le principe, en effet, les Romains n'établirent que des colonies Romaines (1). Mais, si les Latins perdaient une partie de leur indépendance, on ne touchait pas aux droits fort étendus dont les traités d'alliance assuraient la jouissance, dans toutes les cités de la fédération, aux citoyens venus d'une des villes confédérées. Ces droits consistaient dans la faculté d'acquérir des biens meubles et immeubles, de trafiquer, et surtout d'aller et de venir sans nul obstacle : ainsi l'individu citoyen d'une ville alliée n'avait pas seulement la faculté de fonder un établissement dans une autre ville de la confédération ; il était de plus investi de la cité passive (municeps), c'est-à-dire qu'à l'exception du *conubium*, que les patriciens refusèrent longtemps avec opiniâtreté aux plébéiens, et de l'éligibilité, il participait aux droits et aux charges, politiques et privées, de ses nouveaux concitoyens, et que, dans les assemblées tributes, il émettait son vote, restreint, il est vrai, à quelques égards, car l'individu immigré dans ces conditions n'était pas porté, une fois pour toutes, dans une tribu déterminée : lorsqu'il y avait lieu à un vote auquel il devait prendre

(1). A. Gell. I, 16.

part, le sort décidait de la tribu dans laquelle il exerçait son droit,

Tels étaient, dans leurs traits généraux, les rapports établis entre Rome et les Latins dans les temps quisuivirent la révolution républicaine, en vertu du traité par lequel, sous le consulat de Spurius Cassius (1), la confédération fut renouvelée. L'alliance des cités Latines, rendue plus étroite par la nécessité de combattre les peuples de l'Etrurie méridionale, permit aux Romains non seulement d'abattre ceux-ci, mais encore de soumettre les Sabins, les Volsques, les Æques, et de faire entrer dans la confédération les Herniques qui leur apportèrent un utile supplément. C'est seulement après les succès définitifs des alliés contre tous ces peuples que la discorde se mit dans la confédération sur laquelle pesait de plus en plus l'hégémonie Romaine. En effet, à partir du jour où l'on crut ne plus avoir rien à craindre du dehors, les ménagements cessèrent d'un côté, les concessions de l'autre. Les villes Latines et Herniques les plus importantes se révoltèrent après l'invasion Gauloise (2), et la confédération fut interrompue par une lutte qui, de la part des Herniques surtout, fut opiniâtre. La ligue Romano Latine se reforme alors, l'an de Rome 370 (384 av. J.-C.) mais dans des con-

(1) 493 avant J.-C..

(2) Tite Live VI, 2 ; VII, 12.

ditions qui assurent la suprématie de Rome. Jusque là, toute cité fondée par les Romains ou par les Latins était souveraine sur son territoire et entrait dans la ligue avec sa place dans les fêtes Latines ; désormais, toute cité nouvellement jointe à une autre perd son indépendance politique et est exclue de la ligue. Le nombre des villes qui y ont part est fixé à trente : celles qui seront admises plus tard ne voteront pas. Par cette seule raison que leur admission sera postérieure à l'an de Rome 370, non seulement elles seront exclues de la participation aux droits politiques que donne la ligue, mais encore elles resteront isolées les unes des autres dans les choses du droit privé. Chacune d'elles aura le *commercium* avec Rome, mais ne l'aura pas avec les autres villes Latines : tel citoyen de Sutrium pouvait acquérir et posséder en pleine propriété un champ sur le territoire de Rome, mais ne le pouvait pas sur le territoire de Praeneste. Quant au *conubium*, de tout temps, l'état Romain a pu l'accorder spécialement à tel ou tel pérégrin, à telle ou telle cité : c'est ce que prouve un des arguments attribués par Tite Live à Canuleius qui s'indigne de ce que les patriciens refusent à leurs concitoyens un droit qu'ils ont concédé même, *finitimis externisque* (1). On peut même admettre qu'il ait existé d'une

(1) Tite Live, IV, 3.

manière générale entre les familles patriciennes des deux peuples, comme semblent le supposer différents témoignages : Denys, par exemple, raconte que pendant la guerre dans laquelle succomba la ville située sur les bords du lac Regille, toutes les femmes romaines mariées à des Latins étaient rentrées à Rome, tandis que, parmi les femmes latines mariées à des Romains, deux seulement allèrent rejoindre leurs compatriotes(1). Nous voyons aussi dans les récits anciens le Tusculan Octavius Mamilius marié à la fille du dernier des Tarquins (2), et l'un des Curiaces, champion d'Albe, fiancé avec une romaine. Cependant, contrairement à M. Mommsen, nous croyons qu'il ne faut pas attribuer le *conubium* indistinctement à tous les Latins avec tous les Romains. En effet, non-seulement, ainsi que nous l'avons déjà fait remarquer, les patriciens de Rome n'ont admis que par la *lex Canuleia* (445 ans avant Jésus-Christ), les unions entre plébéiens et patriciens, mais encore on sait positivement que la Latinité de l'Empire ne comporte pas ce droit.

Enfin, par le traité de l'an 370 (384 ans avant Jésus-Christ), Rome interdit aux villes alliées, qui jusque-là avaient une complète liberté d'action à l'intérieur de la ligue, toute association

(1) Denys, VI, 1.

(2) Tite Live. I, 49; Denys, IV, 45.

particulière. Les quarante-sept villes de la Fédération, parmi lesquelles trente seulement avaient voix délibérative, sont vraiment sous sa dépendance, au point que toutes les institutions se modèlent de plus en plus sur celles de la métropole : les préteurs et les édiles, par exemple, sont créés dans les villes latines en même temps qu'à Rome ou peu de temps après, vers l'an 367 avant notre ère, et l'organisation judiciaire qui, dans toutes ces villes, tend à mettre la police entre les mains de l'aristocratie, généralement docile à l'influence romaine, n'est qu'un anneau de la chaine du protectorat de Rome qui commence à s'organiser.

Cependant, les Romains se crurent assez forts pour rendre plus étroite encore la dépendance de leurs alliés ; aussi, voyons-nous des transfuges latins accourir partout où Rome est en guerre, pour faire cause commune avec ses ennemis, et même en 405 (349 ans avant Jésus-Christ), la ligue refuse son contingent au moment où le peuple romain va se trouver aux prises avec une nation italique assez puissante pour tenir tête à tous les Latins réunis, c'est-à-dire avec les Samnites qui possèdent Nola, Nucérie, Capoue, Naples, où ils ont été civilisés par les Grecs, dont ils ont adopté les mœurs et les institutions. Mais, après une première guerre, les Romains, suivant une politique qui leur réussira toujours, font avec les Samnites un traité, provisoire dans leur pensée, qui leur laisse la liberté d'agir avec tous leurs moyens contre les Latins. Ceux-ci, enhardis parce qu'ils se croyaient nécessaires, ne demandaient rien de moins qu'un traité qui eût mis fin à l'hégémonie de Rome. Il faut lire dans Tite-Live, au début du récit de cet épisode décisif de l'histoire romaine, le discours hautain dans lequel L. Annius Setinus, préteur latin envoyé en ambassade à Rome, expose les prétentions de ses concitoyens : « Annius, comme s'il était « entré en vainqueur dans le Capitole conquis « par ses armes, au lieu de parler comme un « ambassadeur couvert par le droit des gens, « s'exprima en ces termes : T. Manlius, et vous, « pères conscrits, il serait temps enfin de ne « plus agir avec nous comme des maîtres. Vous « voyez, en effet, le Latium fertile par la grâce « des Dieux en armes et en guerriers, les Sam- « nites vaincus, notre alliance avec les Sidici- « niens et les Campaniens grossie encore par « l'adjonction des Volsques, enfin, vos colonies « elles-mêmes, préférant le gouvernement des « Latins à celui de Rome; mais puisque vous « n'êtes pas disposés spontanément à mettre fin « à une tyrannie arbitraire, quoique nous puis- « sions conquérir par les armes la liberté du « Latium, cependant, au nom de la parenté de « race qui nous unit, nous voulons vous offrir « des conditions de paix égales pour les deux « parties, puisqu'il a plu aux Dieux immortels

« que leurs forces fussent égales. Que l'un « des deux consuls soit romain, l'autre latin; « que le Sénat soit recruté également dans les « deux nations, qu'elles ne forment plus qu'un « seul peuple, un seul gouvernement, et comme « l'une des deux parties doit céder à l'autre « pour que ce gouvernement ait un siège unique, « en souhaitant que cette concession tourne au « bonheur commun, nous consentons que cette « ville devienne notre patrie, de préférence aux « autres, et que nous prenions tous le nom de « Romains (1). »

Ce que les Latins demandaient ainsi n'était donc pas autre chose qu'une sorte de fusion sur le pied de l'égalité, comme celle qui s'était opérée dans les premiers temps entre les Romains et les Sabins. Le peuple romain aurait ainsi renoncé à former, au-dessus de toutes les nations italiques, un corps privilégié; or, le moment n'était pas venu où il devait étendre le droit de cité aux Italiens vaincus et assimilés. Les Latins furent repoussés et Titus Manlius Imperiosus les écrasa à la bataille de Trifanum, appelée aussi

(1) ..... Consulem alterum Roma, alterum ex Latio, creari oportet; senatus partem æquam ex utraque gente esse; unum populum, unam rempublicam fieri, et ut imperii eadem sedes sit idemque omnibus nomen, quoniam ab alterutra parte concedi necesse est, quod utrisque bene vertat, sit hæc sane patria potior et romani omnes vocemur. (Tite Live, VIII, 4.)

bataille de Veseris, entre Minturnes, Suessa et Sinuessa, l'an de Rome 414 (340 ans avant Jésus-Christ), bataille qui mit fin pour toujours à la confédération romano-latine. Après leur défaite de Trifanum et la réduction des dernières cités volsques et latines, qui occupa encore deux ans, Rome retire aux Latins toute existence politique en tant que peuple confédéré : la confédération ne subsiste plus que comme une association purement religieuse, pour la célébration des fêtes du mont Albain. Rome a rompu le pacte unique qui existait entre elle, d'une part, et les cités fédérées de l'autre; elle n'est plus engagée par les anciennes chartes fixant pour les alliés leur contingent de guerre, dont le maximum ne pouvait pas être dépassé et leur assurant une part proportionnelle dans le butin. Quelques villes obtiennent la *civitas*, les autres sont complètement isolées entre elles (1), et tout lien fédératif leur est enlevé. Au lieu du pacte unique (*fœdus æquum*), qui, si depuis longtemps déjà, il ne mettait plus sur le même pied les Romains et leurs alliés, justifiait au moins sa qualification de *æquum* dans ce sens qu'il était uniforme pour tous les alliés, des traités séparés sont conclus avec chaque état. Ces traités particuliers laissent aux vaincus leur autonomie municipale, mais les subordonnent étroitement

(1) Tite-Live, VIII, 14.

à la métropole, par rapport à laquelle ils sont placés dans des situations fort dissemblables. Les plus favorisés forment ce que l'on appelle le *Nomen Latinum*, les *Socii nominis Latini*, désignations qui ne se rapportent plus à une confédération ou à un peuple, mais caractérise une situation juridique, appelée aussi *Latinitas*, *jus Latii* ou simplement *Latium*. En effet, elle comprend non-seulement les États auxquels Rome a accordé un traité après les avoir vaincus à Trifanum et les anciennes colonies latines, mais les Volsques, les Eques, les Herniques, les Aurunques et les Privernates qui, après la soumission de leurs pays, reçurent la même condition que les Latins (*Latium adjectum*).

§ 3. — Le Droit latin : Des différentes catégories qui forment la Latinitas.

La Latinité, considérée comme une situation juridique, comprend trois catégories qui jouissent des mêmes privilèges, sauf quelques différences en ce qui concerne les *Latini Juniani* (1) :

1° Les anciennes villes latines qui, avant leur défaite à Trifanum, formaient une confédération sous la présidence de Rome; et de plus, les Volsques, les Eques, les Herniques, les Aurunques et les Privernates qui, soumis peu de

(1) Voir ci-dessous.

temps après, ont la même condition; enfin, les colonies latines fondées pendant la durée du *Fœdus aequum*, alors que les Latins étaient encore les alliés et non les sujets de Rome. Les trois groupes compris dans cette première catégorie forment ce qu'on appelle les *Latini veteres*.

2° Les colonies latines appelées *coloniae novae* (1). En effet, Rome qui, instruite par le succès des colonies romaines (2), avait aussi établi, dès le temps du *Fœdus aequum*, des colonies latines, en fonda de nouvelles qui, tout en gardant ce nom, par lequel on désignait alors non plus une confédération, mais, comme nous l'avons dit, une condition juridique, n'étaient ni composées exclusivement d'individus de nationalité latine, ni situées en pays latin.

D'après les témoignages de Cicéron (3) et de Gaius (4), elles comprenaient trois sortes de personnes : 1° Des volontaires latins ou romains, qui se faisaient inscrire parmi les émigrants ; 2° Des personnes qui, condamnées à une amende, en évitaient ainsi le paiement; 3° Des fils de familles désignés par leurs pères. Tout citoyen romain inscrit dans une colonie latine perdait sa qualité pour prendre celle de latin : c'était,

(1) Festus.

(2) Voir ci-dessus : *Des citoyens d'origine diverses et et des colonies romaines*.

(3) *Pro Cœcina*, XXXIII; *Pro domo*, XXX.

(4) I, § 131.

comme nous l'avons vu (1), un des cas auxquels s'appliquait la *capitis deminutio media* ou *minor*.

Plus tard, la Latinité s'acquit soit par l'émigration dans une colonie latine déjà existante, soit par une concession faite ou à des individus, ou à des cités. En vertu de la loi Pompeia, de l'an de Rome 665, les communes de la Gaule transpadane, « par la fiction légale qu'elles « étaient colonies latines, furent revêtues des « droits attribués jusque-là aux Latins de droit « inférieur (2). » Nous trouvons de nombreuses concessions du même droit faites par César et par Auguste, en Sicile et dans la Gaule narbonnaise. *Augusta Tricastinorum* et *Lucus Augusti,* par exemple, le reçurent d'Auguste comme stations de la chaussée dirigée par lui d'Italie en Gaule (2) ; c'est encore lui qui, selon toute apparence, l'accorda pour un motif analogue aux Alpes cottiennes et à quelques peuplades liguriennes des Alpes maritimes, enfin les Ausci et les Convenæ, vraisemblablement aussi

(1) Voir ci-dessus : Comment on perd la qualité de citoyen romain.

(2) Momsen, R. G., II[6], p. 239. *Contribution à l'histoire du droit latin,* par Otto Hirschsfeld, traduction Thédenat, p. 11, chez Torin ; sur la distinction du droit latin en *majus* et *minus Latium,* voir ci-dessous,

(3) Herzog, *Gallia Narbonensis,* p. 93.

les Bituriges Vivisci (1), et, suivant Strabon (2), presque toutes les villes de la Bétique doivent au même prince la Latinité.

Cependant Auguste, qui ne voulut pas prodiguer le droit de cité, observa également une certaine réserve dans la diffusion du droit latin, qu'il répandit moins libéralement que César, et cette réserve fut imitée par ses successeurs : pendant les premiers temps de l'Empire, la Latinité ne semble avoir été donnée qu'aux Italiens et aux contrées limitrophes auxquelles il faut ajouter l'Espagne, et même, pour quelques cas beaucoup plus rares, l'Afrique. Nous en trouvons la preuve dans ce fait que la totalité des Alpes maritimes y parvint seulement sous Néron (3). Ces limites ne furent dépassées que pendant les guerres civiles qui suivirent la mort de Néron. Tacite (4) reproche à Vitellius de prodiguer la Latinité aux étrangers, ce qui s'applique sans doute aux villes de la Gaule septentrionale qui s'étaient unies aux légions de Germanie, et quand Vespasien, peu de temps

(1) Ch. Robert, *Études sur quelques inscriptions antiques du Musée de Bordeaux*, 1879, p. 27, cité par M. Thédenat, p. 13, note 3.

(2) Strabon, III, 1, 15.

(3) ..... Eodem anno Cæsar nationes Alpium maritimarum in jus Latii transtulit. Tacite, *Ann.*, XIII, 33.

(4) *Hist.*, III, 55 : Latium externis dilargiri.

après (1), accorda le droit latin à toute l'Espagne, cette mesure, qui devait cependant être considérée comme un juste retour à l'ancienne politique d'Auguste, puisqu'il s'agissait d'un pays déjà pénétré par la civilisation romaine, souleva des critiques chez les représentants du vieil esprit romain, dont Tacite a souvent exprimé, en homme qui les subit, les préjugés et les tendances exclusives (2). C'est sans doute à ces critiques que répond Pline dans cette phrase dont le sens a été souvent discuté : « Universæ Hispaniæ Vespasianus imperator « Augustus jactatum procellis reipublicæ Latium « tribuit (3). » Nous croyons, en effet, avec MM. Hirschfeld et Thédenat, qu'il faut entendre par là que, dans la pensée de Pline, le droit latin, porté au hasard par les orages politiques des derniers temps, dans des pays encore barbares auxquels une politique éclairée ne devait pas l'accorder, était justement attribué par Vespasien aux Espagnols, déjà assimilés (4).

(1) En 75, selon les inscriptions.

(2) Voir Tacite, *Annales*, XI, 23. Cicéron était animé du même esprit quand, à l'occasion des mesures de César relativement aux Siciliens, il écrivait : Scis quam diligam Siculos et quam illam clientelam honestam judicem; multa illis Cæsar, neque me invito, et si Latinitas erat non ferenda, *Ad Att.*, XIV, 12, 1.

(3) Pline, *Hist. nat.*, III, 3, 30.

(4) Otto Hirschfeld, traduction Thédenat, p. 15.

Tous les peuples compris dans la seconde catégorie, que nous venons d'examiner, forment ce que l'on appelle les *Latini colonarii*, dont la condition a pour modèle celle des *Latini veteres*, qui ont disparu à l'époque du droit classique. En effet, comme nous l'avons vu plus haut (1), la loi Julia proposée par le père de Jules César, a conféré, en 90, le droit de cité à toutes les *civitates Latinae* et aux *socii* qui n'avaient pas fait défection pendant la guerre sociale. En 89, la loi Plautia Papiria a accordé la *civitas* à tous les habitants libres domiciliés en Italie et citoyens de villes italiques, sous condition de faire leur déclaration devant le préteur dans le délai de soixante jours. Les Italiens qui, comme les Samnites et les Lucains, n'ont pas usé de la *lex Plautia Papiria,* obtiennent la cité en 87, par un sénatus-consulte (2). Il n'y a donc plus, dès lors, de cités de droit latin en Italie ; le *jus Latii* ne subsiste plus que dans les provinces, où les colonies latines sont un moyen d'assimilation des peuples vaincus, et dans les cités de la Gaule transpadane, auxquelles la loi Pompeia, déjà mentionnée plus haut (3), l'a conféré, en 89, par une fiction juridique (4).

(1) *Du droit de cité romaine.*

(2) Willems, *Droit public romain*, chap. 2, p. 368.

(3) Même paragraphe, p. 12.

(4) Asconius in Pisonianam, p. 2 : Non novis coloniis

La condition de latin se transmet par la naissance, d'après les mêmes règles que la cité romaine ; l'enfant né d'un Romain et d'une Latine est Latin, à moins que la mère n'appartienne à une famille ou à une cité ayant le *conubium*, en vertu du principe : *Conubio interveniente, liberi semper patrem sequuntur ; non interveniente conubio, matris condicioni accedunt* (1). Or, nous avons vu qu'on ne devait pas admettre que le *conubium* ait existé entre tous les Romains et tous les Latins indistinctement. Par application de la loi Minicia (2), l'enfant issu d'une Latine et d'un Pérégrin naissait pérégrin, la condition de Pérégrin étant inférieure à celle de Latin. Contrairement à la loi Minicia, un sénatus-consulte proposé par Adrien décida, par un retour au principe général, que l'enfant issu d'une Romaine et d'un Latin serait Romain (3).

3° Une troisième catégorie de Latins est créée, sous le règne de Tibère, par la loi Junia Norbana, proposée, l'an 19 de notre ère, par les

eas constituit, sed veteribus incolis manentibus jus dedit Latii, ut possent habere (posthaberent suivant Mommsen), jus quod ceteræ Latinæ coloniæ, id est ut gerendo magistratus civitatem Romanam adipiscerentur.

(1) *Ulp.*, v, 8.

(2) Lex Minicia ex alterutro peregrino natum deterioris parentis condicionem sequi jubet.

(3) Gaius, I, § 30 et 80.

consuls M. Junius Silanus et L. Norbanus Balbus. D'après l'ancien droit de Rome, l'affranchissement par un citoyen romain ne pouvait faire que des affranchis citoyens romains. En effet, l'affranchissement, quand il était conforme aux règles qui régissaient cette matière, transformant en personne un être qui, jusque-là, n'était qu'une chose, l'esclave devenu libre tenait de son maître l'existence civile. Aussi prenait-il son nom, son domicile, sa nationalité, Pérégrin s'il était Pérégrin, Latin s'il était Latin, citoyen romain s'il était affranchi par un citoyen romain, et comme il ne pouvait pas avoir par lui-même d'autre famille que ses descendants, le patron et la famille du patron (c'est-à-dire son ancien maître), remplaçaient à son égard les agnats. L'affranchissement par un citoyen romain donnait donc au *manumissus* à la fois la liberté et la cité, quand il était conforme aux règles que nous indiquerons plus tard (1). Quand il n'était pas conforme à ces règles, il restait sans effet légal. Mais il fut dérogé une première fois à ce principe par les lois Ælia Sentia et Fufia Caminia, votées sous le règne d'Auguste.

Nous avons vu que l'affranchissement avait servi, comme la naturalisation, à grossir le corps des citoyens qui ne se recrutait par lui-même

(1) Voir les *Notions de droit romain.*

que dans des proportions insuffisantes. Pendant des siècles, il n'avait été généralement que la juste récompense du dévouement et des services rendus ; mais avec la décadence des mœurs, la liberté d'action laissée aux maîtres dans cette matière, était devenue, vers la fin de la République, un véritable péril national, parce qu'elle encombrait la cité de membres indignes dont le nombre menaçait d'altérer de plus en plus profondément l'esprit public. C'étaient, en effet, les plus méprisables parmi les esclaves qui réussissaient à se faire affranchir par des moyens honteux dont on peut voir le tableau dans Denys d'Halicarnasse (1). Certes, il y avait intérêt à empêcher de pareils individus de passer directement des bas fonds de la servitude à la pleine possession de la cité, et tel est le but des deux lois Ælia Sentia et Fufia Caninia, dont l'effet est à la fois d'exiger de nouvelles conditions pour que le *manumissus* obtienne avec la liberté le droit de cité, et de mettre des entraves à la faculté d'affranchir. La *lex Ælia Sentia* comprend trois clauses principales : 1° Minori XX annorum

(1) . . . οἱ μὲν ἀπὸ ληστείας, καὶ τοιχωρυχίας, καὶ πορνείας, καὶ παντὸς ἄλλου πονηροῦ πόρου χρηματισάμενοι, τούτων ὠνοῦνται τῶν χρημάτων τὴν ἐλευθερίαν, καὶ εὐθύς εἰσι Ῥωμᾶιοι. Οἱ δὲ συνίστορες καὶ συνεργοὶ τοῖς δεσπόταις γενόμενοι φαρμακειῶν καὶ ἀνδροφονιῶν καὶ τῶν εἰς θεοὺς ἢ τὸ κοινὸν ἀδικημάτων, ταύτας φὲρονται παρ' αὐτῶν τὰς χάριτας....

domino non aliter manumittere permittitur quam si vindicta, apud consilium, justa causa manumissionis adprobata, manumiserit. Le maître âgé de moins de vingt ans ne peut plus affranchir que par la vindicte (1), en présence d'un conseil formé à Rome de cinq sénateurs et de cinq chevaliers, en province de vingt récupérateurs (2), citoyens Romains, qui seront juges du motif de l'affranchissement. Gaius (3) cite comme exemples de *justa causa* : si quis..... pædagogum, aut servum, procuratoris habendi gratia, aut ancillam, matrimonii causa, apud consilium manumittat.

2° Ea lex minores XXX annorum servos non aliter voluit manumissos cives Romanos fieri quam si vindicta, apud consilium justa causa manumissionis adprobata, liberati fuerint. Pour que l'esclave âgé de moins de trente ans obtienne, par l'affranchissement, la cité Romaine en même temps que la liberté, il faut qu'il ait été affranchi par la vindicte, et que le conseil mentionné ci-dessus ait reconnu la validité du motif de l'affranchissement.

3° Lege Ælia Sentia cavetur ut qui servi a dominis pœnæ nomine vincti sint, quibusve stigmata inscripta sint, deve quibus ob noxam

(1) Voir les *Notions de Droit romain.*

(2) Voir l'index tome III.

(3) I, 19, 39; Willems, *Droit public des Romains*, p. 408.

quæstio tormentis habita sit et in ea noxa fuisse convicti sint, quique ut ferro aut cum bestiis depugnarent traditi sint inve ludum custodiamve conjecti fuerint, et postea, vel ab eodem domino, vel ab alio manumissi, ejusdem condicionis fiant cujus condicionis sunt peregrini dediticii (1). Tout esclave qui a été mis aux fers, marqué, soumis à la torture pour un délit dont il est demeuré convaincu, livré pour combattre comme gladiateur ou contre les bêtes féroces, jeté dans l'amphithéâtre ou en prison, s'il est affranchi plus tard, soit par le même maître qui lui a infligé une de ces peines infamantes, soit par un autre, obtient par l'affranchissement la liberté, mais non la cité Romaine, incompatible avec ces flétrissures ; il est dans la condition des *peregrini dediticii*, c'est-à-dire des peuples vaincus qui se sont rendus à discrétion. Or cette condition qui le met, selon Gaius (2), au dernier degré des hommes libres (*pessima libertas*) est, sous plusieurs rapports, inférieure à celle des pérégrins ordinaires : les *dediticii* n'appartiennent à aucune cité déterminée, ils n'ont pas de *patria* ou *origo*, comme les Romains qu'une condamnation criminelle a rendus pérégrins (3) : ils ne sont ni citoyens, ni même Latins, et tout espoir de par-

(1) Gaius, I, § 13 ; Ulpien I, § 11.
(2) I, § 26.
(3) Accarias, *Précis de Droit romain*, tome I, nº 65, p. 118.

venir à la cité leur est à jamais interdit; il leur est interdit de séjourner à Rome et dans un rayon de cent milles autour de Rome : toute contravention à cette défense entraîne pour eux la perte de la liberté et la confiscation de leurs biens au profit du peuple Romain ; ils sont alors vendus par l'État, avec cette clause qu'ils ne pourront plus être affranchis; le maître qui ne tiendrait pas compte de cette clause les ferait retomber en les affranchissant, sous l'esclavage du peuple romain. Cependant, conformément à ce principe général que la condition d'affranchis n'était pas héréditaire, la condition des affranchis dediticii ne passait pas à leurs enfants, qui naissaient pérégrins ordinaires, et, par suite, pouvaient parvenir à la cité (1).

La loi Ælia Sentia avait donc pour effet d'empêcher des affranchis indignes d'obtenir avec la liberté le droit de cité ; elle est inspirée par cette politique d'Auguste qui voulant, dit Suétone, « préserver la pureté de la nationalité romaine « contre un mélange excessif d'éléments étran- « gers ou serviles, n'accorda qu'avec beaucoup « de réserve le droit de cité et mit des entraves à « l'affranchissement (2). Non content d'écarter

(1) Gaius, I, § 68.

(2) Magni præterea existimans sincerum atque ab omni colluvione peregrini ac servilis sanguinis incorruptum servare populum, et civitatem Romanam parcissime dedit, et manumittendi modum terminavit. Suétone, Octavius, 40.

« les esclaves de la liberté par des difficultés « nombreuses, et de la cité romaine (1) par des « difficultés plus nombreuses encore, il prit des « précautions minutieuses pour modérer le « nombre et déterminer la condition de ceux « qui seraient affranchis, et ajouta aussi que « quiconque aurait été mis aux fers ou à la « question, ne pourrait par aucun genre d'affran- « chissement acquérir la cité (2). » On reconnaît dans ce texte la loi Ælia Sentia ; on y retrouve aussi la seconde loi dont il nous reste à parler, la loi Fufia Caninia, clairement rappelée par les mots *de numero*. En effet, tandis que la loi Ælia Sentia défend surtout le droit de cité, visé par sa seconde et sa troisième clause, la loi Fufia Caninia impose des restrictions au droit d'affranchissement en limitant le nombre des esclaves qu'un maître peut affranchir par testament. Celui qui possède de trois à dix esclaves a le droit d'en affranchir la moitié ; de onze à trente le tiers, de trente et un à cent le quart, de cent un à cinq cents le cinquième ; au-dessus de

(1) On dit des affranchis citoyens romains que leur liberté est *major et justa*. Inst. § 3, de libert.

(2) ..... Servos non contentus multis difficultatibus a libertate, et multo pluribus a libertate justa removisse, cum et de numero et de condicione ac differentia eorum qui manumitterentur curiose cavisset, hoc quoque adjecit ne vinctus unquam tortusve quis, ullo libertatis genere civitatem adipiscerentur. Suet. ; Octavius, 40.

cinq cents, le maximum des affranchissements reste fixé à cent. En même temps, la loi portait que dans chaque catégorie supérieure de cette échelle, le maître pouvait en affranchir au moins autant que le maximum de la catégorie inférieure (1). En effet, s'il était conforme à l'intention générale qui inspirait le législateur de laisser, en matière d'affranchissement, une liberté d'action proportionnellement plus grande au maître qui, n'ayant qu'un petit nombre d'esclaves, vivait avec eux et les connaissait, qu'à ceux qui en possédaient de véritables troupes, dans lesquelles la plupart leur étaient tellement étrangers qu'ils ne savaient même pas leurs noms (2), cependant il eût été excessif et une gradation sagement établie ne pouvait pas admettre que, dans une catégorie supérieure, le chiffre légal des affranchissements fût réellement moindre que dans une catégorie inférieure. Or c'est ce qui serait arrivé sans cette dernière disposition : un maître de la catégorie la plus basse, possédant, par exemple, dix esclaves, pouvait en affranchir la moitié, c'est-à-dire cinq, tandis qu'un maître de la catégorie immédiatement supérieure, possédant douze esclaves, n'aurait pu en affranchir que le tiers, c'est-à-dire quatre. Telle est la conséquence anormale

(1) Willems, *Le Droit public romain*, p. 409.
(2) Sénèque, *De vita beata*, chap. XVII.

que prévient la dernière disposition de la loi Fufia Caninia, qui, en même temps fournit la solution de la difficulté que semblent présenter les quantités non exactement divisibles par moitié, par tiers, ou par quart et par cinquième. La liberté d'affranchir n'étant limitée qu'à partir de trois esclaves, celui qui n'en possédait que deux pouvait les affranchir tous les deux ; le maître qui en possédait trois pouvait donc en affranchir non pas un mais deux, sans quoi la fixation du maximum à la moitié pour la dernière catégorie, aurait eu pour effet d'arrêter ce maximum à un chiffre moindre pour lui que pour le maître qui restait au-dessous des catégories déterminées par la loi. De même le maître qui en possédait trente et un et se trouvait par suite dans la catégorie où le maximum des affranchissements était fixé au quart, pouvait en affranchir non pas sept, ce qui lui eût imposé un maximum moindre que celui auquel devait s'arrêter le maître placé dans la catégorie immédiatement inférieure, celle de onze à trente, pour laquelle le maximum était fixé au tiers, mais dix, chiffre égal à ce dernier maximum. En un mot, on voit se dégager de cette réglementation ce principe général que, le maximum ne pouvant pas donner pour le maître qui possédait plus d'esclaves un chiffre plus faible que pour le maître qui en possédait moins, quand le chiffre d'esclaves d'un maître n'était pas exactement divisible par le maximum de la catégorie dans laquelle il était compris, le reste de la division était majoré de manière a donner un nombre entier ; le maître qui, par exemple, possédait 161, 162, 163 ou 164 esclaves, pouvait en affranchir 32 et non pas seulement 31, ce qui lui eût donné un chiffre moindre que celui qui pouvait être atteint par le maître possédant 160 esclaves, car celui-ci avait le droit d'aller jusqu'à 32, produit de la division de sa troupe par le diviseur fixé pour la catégorie de 101 à 500, c'est-à-dire par 5.

Il y avait donc, après que la loi Ælia Sentia eut été votée sous le règne d'Auguste, deux catégories d'affranchis reconnues par la loi romaine : les uns étaient citoyens romains ou latins suivant qu'ils avaient été affranchis par un Romain ou par un Latin, les autres étaient *dediticii*. Une loi Junia Norbana, proposée sous le règne de Tibère, l'an 17 de notre ère, par les consuls M. Junius Silanus et L. Norbanus Balbus, institua une troisième catégorie d'affranchis qui furent considérés comme des Latins d'un nouveau genre. Citons le texte des *Institutes* où cette loi est mentionnée en même temps que la loi Ælia Sentia, en faisant observer que si celle-là est nommée avant celle-ci, il ne faut pas en conclure qu'elle soit antérieure : l'ordre observé dans ce passage est non pas l'ordre chronologique, mais l'ordre hiérarchique qui place au premier rang les affranchis citoyens Romains et au dernier les affranchis déditices qui, comme le dit Gaius, sont au plus bas degré de l'échelle des hommes libres. « Libertinorum autem status « tripertitus antea fuerat : nam qui manumitte- « bantur, modo majorem et justam libertatem « consequebantur, et fiebant cives Romani, modo « minorem, et Latini, ex lege Junia Norbana, « fiebant, modo inferiorem, et fiebant, ex lege « Ælia Sentia, dediticiorum numero (1). » La loi Junia Norbana est favorable aux esclaves dans ce sens qu'elle reconnaît libres ceux mêmes qui ont été affranchis en dehors des formes régulières de la manumission. En même temps, elle est conforme à la politique d'Auguste, dans ce sens qu'elle leur donne non pas la cité romaine, mais une situation modelée sur celle des *Latini colonarii*, et si elle leur facilite l'acquisition du droit de cité, c'est en la subordonnant à des conditions qui devaient éliminer les individus impropres à recruter utilement le corps des citoyens.

Les *Latini Juniani* comprennent dans une même situation juridique trois catégories d'affranchis.

1° Les esclaves affranchis par *manumissio minus justa*, c'est-à-dire en dehors des formes solennelles, qui sont la *vindicta*, le cens, le tes-

(1) Lib. I, tit. 5, *De Libertinis*, § 3.

tament (1), par une manifestation quelconque de la volonté du maître. La condition de ces affranchis avant la loi Junia Norbana est controversée. Il semble, cependant, qu'esclaves en droit, ils jouissaient d'une liberté de fait, garantie même par le préteur qui interposait son autorité pour empêcher que leur maître ne reprît l'exercice réel de sa puissance sur eux : ils étaient *servi in libertate*, et, s'il s'agissait d'une femme, ses enfants au premier degré et tous ses descendants ultérieurs par les filles, naissaient esclaves (2). Or, cette situation de *servus in liberatte* étant fort équivoque, il y avait intérêt à ne pas la laisser se répandre, d'autant plus qu'elle favorisait l'usurpation du droit de cité. La loi Junia Norbana était donc d'une sage politique, à la fois parce qu'elle régularisait la situation des esclaves affranchis en dehors des formes solennelles de la manumission, et parce que, faisant de ceux-ci des Latins et non des Romains, elle leur laissait cependant le moyen de parvenir à la cité sous des conditions propres à opérer parmi eux une sélection préservatrice.

2° Les esclaves affranchis par un propriétaire bonitaire. En effet, l'esclave fait partie des *res mancipi* (3); or, les *res mancipi* sont seules alié-

(1) Voir les *Notions de Droit romain.*

(2) Accarias, *Précis de Droit romain*, tome I, n° 62, p. 114.

(3) Voir les *Notions de Droit romain.*

nables par voie de mancipation, c'est-à-dire que l'on ne peut acquérir la propriété quiritaire de ces choses (dominium ex jure Quiritium) que par les modes civils qui exigent des formalités dans le but de constater plus sûrement les titres de propriété. Ces modes civils qui sont la *mancipation, l'in jure cessio, l'usucapion, l'adjudication* et *la loi,* ne sont accessibles qu'aux citoyens romains, aux latins et à ceux des pérégrins qui ont obtenu le *jus commercii,* dont l'effet principal est de conférer le droit de propriété conforme au droit civil romain : de là, ce nom de modes civils. A côté de la propriété quiritaire qui confère seule sur la chose qui en est l'objet un droit absolu, sauf les restrictions que la loi y apporte dans l'intérêt public et privé, les Romains reconnaissent la propriété *ex jure gentium* ou *bonitaire* (rem in bonis habere), qui s'applique, par exemple, aux *res mancipi* acquises par un mode naturel, c'est-à-dire :

A. — Par l'*occupation* qui s'exerce sur les choses considérées comme n'appartenant à personne, telles que les animaux sauvages ou le butin enlevé à l'ennemi, dont le droit de propriété compte pour rien aux yeux des Romains : nous en avons la preuve dans l'assimilation établie par Paul entre le butin et les îles nées dans la mer ou les objets trouvés sur le rivage.

B. — Par la *tradition* ou translation volontaire de la possession, qui implique : 1° La remise du *corpus* ou élément matériel de la possession, comme, par exemple, quand la partie aliénante dépose entre les mains de l'acquéreur les clefs d'un grenier voisin, où il peut prendre immédiatement livraison du blé qu'il a acheté ; 2° Une *justa causa*, c'est-à-dire l'accord de deux volontés tendant l'une à aliéner, l'autre à acquérir une certaine chose (1).

A l'aide de ces explications, réduites aux éléments absolument indispensables à l'intelligence du sujet, on comprendra qu'une personne pouvait avoir *in bonis* un esclave sur lequel une autre personne avait, en même temps, le *nudum dominium ex jure Quiritium*. En effet, nous avons vu que l'esclave étant du nombre des choses *mancipi*, on ne peut en acquérir la propriété quiritaire que par un mode civil, par mancipation et non par tradition. Cependant, l'aliénation de l'esclave par tradition ne serait pas sans effet, et à l'époque du droit classique, elle le fait entrer dans le patrimoine de l'acquéreur qui l'a, non pas *in dominio*, mais *in bonis*; il peut seul en jouir, et dès le moment de la tradition commence pour lui une *usucapion* qui aboutit à convertir sa propriété bonitaire en propriété quiritaire. Mais la manumission exi-

(1) Accarias, *Précis de Droit romain*, tome Ier, nos 225, 226; *Inst. lib.*, II, tit. I, *De divisione rerum et qualitate*.

geant chez le *manumissor* un droit complet sur l'esclave, celui-ci ne pouvait être affranchi ni par le *tradens*, qui n'avait sur lui que le *nudum dominium ex jure Quiritum*, ni par l'*accipiens*, du moins tant que l'*usucapion* n'avait pas encore converti sa propriété bonitaire en propriété quiritaire. C'est à cette anomalie que la loi Junia Norbana mit fin en déclarant que le propriétaire bonitaire pouvait affranchir ; et, en même temps, elle consacra de nouveau l'infériorité de la propriété bonitaire en décidant que l'affranchissement émanant d'elle donnerait la latinité et non la cité romaine.

3° La troisième catégorie des Latins Juniens est formée par des esclaves qui ont été affranchis avant l'âge de trente ans, en dehors des conditions déterminées par la loi Ælia Sentia (1).

Nous avons vu que cette loi instituait un Conseil dont l'approbation était nécessaire pour valider l'affranchissement ; quand cette approbation était refusée, il est vraisemblable que l'affranchissement n'était pas nul, ce que le texte de la loi n'aurait sans doute pas manqué d'énoncer formellement si telle avait été la conséquence engendrée par le refus d'approbation, mais qu'il produisait seulement la liberté *minus justa*, c'est-à-dire que, sans effet légal, il donnait du moins cette liberté de fait, garantie par le pré-

(1) Voir ci-dessus.

teur, dont jouissaient les *servi in libertate*. La troisième clause de la loi *Junia Norbania* aurait donc tendu comme la première à supprimer cette situation équivoque et anormale, à laquelle la seconde clause de la loi *Ælia Sentia* fournissait au contraire un recrutement que le législateur, préoccupé surtout de préserver le corps des citoyens Romains (1), n'avait peut-être pas prévu.

Quand le Latin Junien ne parvenait pas à la cité dont l'accès lui était facilité par les moyens que nous indiquerons plus loin, ses enfants naissaient non pas *Latini Juniani* mais *Latini ingenui*, par application de ce principe général que la condition d'affranchir n'est pas héréditaire.

Nous avons vu déjà que les *Latini veteres* disparurent par l'effet des lois *Julia* et *Plautia Papiria*, et du sénatus-consulte de l'an 87 avant notre ère. La constitution de Caracalla qui conférait le droit de cité à tous les sujets libres de l'empire, supprima également les *Latini colonarii* et les *Latini Juniani*. Mais comme, suivant l'opinion la plus probable, cette institution ne s'appliquait qu'aux habitants de l'empire alors

(1) Le texte de Denys d'Halicarnasse cité ci-dessus montre que ce qui choquait le plus l'esprit public, c'était de voir les plus vils esclaves passer directement de la servitude à la cité.

vivants et à leurs descendants, et n'attachait pas en principe le droit de cité à la qualité de sujet libre de l'empire, elle ne fit pas disparaître d'une façon définitive la condition de pérégrin. Un texte de Paul (1), nous montre que de son temps il y avait encore des Latins ingénus, et si ce texte est vraiment postérieur à Caracalla, ce qui est d'ailleurs contestable, il prouve que l'on n'avait pas cessé, après cet empereur, de fonder des colonies Latines et de concéder individuellement la latinité à des barbares. Cependant la latinité avait pour caractère essentiel de fournir un acheminement vers le droit de cité complet ; quand elle eut disparu de l'Italie, elle se répandit dans les pays voisins dont elle prépara l'assimilation, et elle recula avec les limites de la civilisation Romaine, en Sicile, dans la région des Alpes, en Gaule, en Afrique, où le nombre des colonies Latines fut très faible si on le compare au nombre de ces mêmes colonies en Gaule et en Espagne. « Les localités occupées « par des colons, dit Mommsen, en parlant de la « Gaule Narbonnaise, semblent, en grande partie « du moins, avoir été préparées à la *Romanisa-* « *sation* par la collation du droit Latin, de la « même manière que jadis le pays Celtique « transpadan. Donc, tandis que la Gaule cisal- « pine progressait du degré préparatoire à la

(1) IV, 9, § 8.

« parfaite égalisation avec l'Italie, la province « Narbonnaise la suivait dans cette voie prépa« ratoire (1). »

Par suite, si la Latinité s'effaça progressivement dans les pays complètement assimilés, elle ne dut pas se répandre, car elle n'y eût pas été à sa place, dans les régions d'occupation purement militaire, telles que les provinces du Danube et du Rhin et dans la Bretagne, où aucune fusion n'était possible entre les indigènes barbares et les citoyens romains, ni dans les provinces orientales de langue grecque, qui avaient leur civilisation distincte à côté de la civilisation romaine. Cependant le manque de renseignements sur les *Latini colonarii* peut aussi être imputé, mais seulement pour une faible part, à l'insuffisance des documents ; on ne s'expliquerait pas, en effet, que le droit latin n'eût pas pénétré en Dalmatie et en Norique. On peut donc dire d'une façon générale que si les *Latini ingenui* n'ont pas laissé de trace certaine dans l'histoire après Caracalla, c'est qu'ils étaient fort peu nombreux et ils avaient sans doute fini de disparaître avant le règne de Justinien sous lequel il est incontestable que tous les sujets libres de l'empire étaient en même temps citoyens. Le dernier document authentique où

(1) Mommsen, R. G. III, p. 553, cité par M. Thédenat, p. 20, note 1.

ils soient mentionnés, est un texte d'Ulpien (1).

Quant aux *Latini Juniani*, un texte des *Institutes* (2), nous apprend qu'il n'y en avait plus alors qu'un petit nombre. En effet la distinction du domaine quiritaire et du domaine bonitaire s'étant effacée dans la pratique, la clause de la loi *Junia Norbana* qui donnait la condition de latins aux esclaves affranchis par un propriétaire bonitaire, dut s'effacer également par une conséquence nécessaire. La clause qui attribuait la même condition aux esclaves affranchis avant l'âge de trente ans sans les formes prescrites par la loi *Ælia Sentia* ne dut jamais produire un grand nombre de Latins juniens, car si le maître avait un motif sérieux d'affranchissement, il lui était facile d'obtenir l'approbation du conseil compétent, et s'il n'avait pas de motif à faire valoir, il suffisait qu'il attendît que son esclave eût dépassé l'âge de trente ans. Les derniers *Latini Juniani* produits, en petit nombre, par cette seconde clause et par l'omission des formes régulières de la manumission indiquée par la troisième clause, disparurent en vertu d'une constitution suggérée à l'empereur Justinien par le jurisconsulte Tribonien ; à l'instigation de ce jurisconsulte, le même empereur avait supprimé également la condition des déditices, et par une

(1) Ulpien, fragm. 19, 4.
(2) Lib. I, titre v, *de libertinis*, § 1.

conséquence de ces réformes dont il n'entendait pas faire un retour aux sévérités du passé, il facilita aux maîtres le moyen de donner à leurs esclaves à la fois la liberté et la cité, en accordant une pleine efficacité aux affranchissements même en dehors de toute forme solennelle. On peut considérer comme réalisée dès lors l'unité de condition vers laquelle le monde romain avait fait par la Constitution de Caracalla un pas décisif ; tous les sujets libres de l'empire sont citoyens, à moins qu'ils n'aient encouru une condamnation entraînant la déchéance, et, en dehors de la cité, il n'y a plus que les esclaves et les barbares.

§ IV. — Des droits compris dans le jus Latii.

Les cités dites Latines étaient considérées par les Romains comme des peuples alliés ; elles gardaient leur autonomie municipale, c'est-à-dire qu'elles n'étaient pas gouvernées par des magistrats envoyés de Rome et conservaient leurs lois propres, à moins qu'elles ne consentissent à adopter les lois Romaines (1). Elles ont même

(1) Municipes sunt cives Romani ex municipiis legibus suis et suo jure utentes, nulla populi Romani lege adstricti ni, inquam, populus eorum fundus factus est. A. Gell. XVI, 13. Dans ce sens, *fundus* est synonime de *auctor* et *approbator*.

conservé le droit de battre monnaie, mais ce droit fut restreint vers 269 avant notre ère (1). Chacune des cités et des colonies Latines avait eu primitivement avec Rome son traité d'alliance qui déterminait ce qu'elle devait fournir en hommes et en argent. Nous voyons dans Tite-Live (2) un certain nombre de colonies condamnées par le Sénat à fournir des subsides pécuniaires extraordinaires et un contingent supplémentaire, parce qu'elles n'avaient pas donné, comme les autres, leur contingent normal pendant que l'ennemi était en Italie. Le même passage nous apprend que le recensement fut fait dans les colonies suivant les conditions indiquées par les censeurs de Rome, mais par les soins de censeurs locaux qui dûrent prêter serment et rendre leurs comptes avant de sortir de charge (3).

Nous avons montré que les Latins n'avaient pas tous indistinctement avec les Romains le *jus conubii*, qui cependant put être accordé à quelques-uns d'entre eux comme une faveur par-

(1) Mommsen, *hist. de la monnaie romaine*, III, 190 et suiv.

(2) XXXIX, 15.

(3) ..... Censumque in iis coloniis agi ex formula ab Romanis censoribus data; dari autem placere eamdem quam populo Romano, deferrique Romam ab juratis censoribus priusquam magistratu abirent. (*Tite Live*, XXXIX, 15).

ticulière. Le *Commercium* est, au contraire, avec les nombreux avantages qu'il implique, le privilège des Latins. Mais les Latini Juniani ne le possèdent qu'avec certaines restrictions qui rendent leur condition inférieure à celle des *Latini coloniarii*. En effet, les *Latini Juniani* peuvent, en vertu du *jus commercii*, figurer dans une mancipation comme acquéreurs et comme aliénateurs. En principe, le *jus commercii* leur confère aussi la *factio testamenti*, c'est-à-dire le droit de jouer un rôle quelconque dans un tessament (1). Mais ici la loi *Junia Norbana* restreignit par une disposition expresse les conséquences naturelles du principe. Elle leur laissa : 1° Les rôles de *Libripens* (2), de *familiæ emptor* ou de témoins (3)

(1) Nous empruntons ces détails sur le *commercium* des *Latini Juniani* à l'excellent manuel de M. Accarias dans lequel nous avons puisé de nombreux renseignements sur les questions purement techniques.

(2) L'aliénateur (*mancipans*), l'acquéreur (*accipiens* ou *emptor*), un *libripens* et cinq témoins, sont les huit personnes qui figurent dans la mancipation. Le *libripens* tient à la main une balance de cuivre, l'acquéreur touche la chose qui est à manciper et prononce une formule par laquelle il affirme l'existence actuelle en sa personne du droit qu'il prétend acquérir, puis il frappe la balance avec un lingot de cuivre qu'il remet à l'aliénateur et que celui-ci reçoit en guise de prix.

(3) Quand les comices calates, tombés en désuétude, cessèrent d'intervenir dans les testaments, on appliqua à la transmission du patrimoine la solennité de l'*aes et*

dans le testament d'autrui, le droit d'être institués héritiers ou appelés à un legs. Mais elle leur enleva le *jus capiendi directo*, ce qui revient a dire qn'à moins d'être devenus Romains du vivant du testateur ou dans les cent jours de son décès, ils ne recueillaient pas le bénéfice de l'institution du legs. Cette prohibition de la loi Junia Norbana était, il est vrai, facile à éluder : les fidei commis étant devenus obligatoires sous Auguste, rien n'empêchait un Latin d'en recevoir, et le testateur qui voulait disposer en sa faveur, n'avait qu'à adopter cette forme. On a

libra déjà usitée pour transférer la propriété : le peuple est représenté par les cinq témoins mentionnés dans la note précédente et le testament se fait par une mancipation : l'institué joue le rôle d'acquéreur sous le nom de *familiæ emptor*, tandis que le testateur lui mancipe son patrimoine et lui impose par une sorte de pacte adjoint les legs et autres disposition qu'il se propose de faire. Dans une période ultérieure, les volontés du testateur, au lieu d'être exprimées oralement, sont d'abord rédigées par lui en un écrit qui par lui-même n'a pas d'autre valeur que celle d'un projet. Pour donner à ce projet la valeur d'un testament, il faut une mancipation et une *testamenti nuncupatio*. La *mancipatio* continue à se faire selon les formes que nous avons décrites, mais le rôle de *familiæ emptor*, au lieu d'être joué par l'héritier, appartient à un tiers. La *testamenti nuncupatio* est une formule solennelle par laquelle le testateur, tenant à la main les *tabulæ testamenti*, déclare en présence du *familiæ emptor*, du *libripens* et des cinq témoins, que là sont contenues ses dernières volontés. (Voir *Accarias*, tome I, p. 757, 758).

vu là une raison de croire que la loi Junia Norbana devait être placée en 670 de Rome, et non sous Tibère en 772 ; cette loi, a-t-on dit, créant une incapacité pour les Latins, n'eût pas vraisemblablement laissé subsister un moyen indirect de l'éluder. Mais nous répondrons qu'il n'y a dans ce cas qu'une de ces contradictions entre la forme et le fond dont les exemples ne sont pas rares dans les institutions Romaines. Le législateur s'est préoccupé de laisser aux Latins Juniens, simples affranchis, une situation dont l'infériorité fût accusée par les formes, tout en respectant au fond la liberté d'action du testateur, à laquelle la législation d'Auguste est favorable, et il a atteint ce but en admettant que le Latin pût profiter de l'innovation relative aux fidei commis, tandis qu'il lui refusait le *jus capiendi directo*. La loi Junia Norbana voulut aussi que malgré leur aptitude générale à la tutelle, les Latins ne pûssent pas être nommés tuteurs testamentaires ; enfin elle leur dénia le droit de tester : les biens qu'il laissaient en mourant, s'ils n'étaient pas parvenus au droit de cité, dont l'acquisition leur était facilitée par des moyens que nous indiquerons tout à l'heure, devaient appartenir comme un pécule d'esclave, à leur patron ou à ses héritiers.

Un texte de *Tite Live* (1) et d'Appien (2),

(1) xxv, 3.
(2) B. c. i, 23.

confirmé par l'analogie que présentent les témoignages de ces auteurs avec la rubrique LIII de la *lex Malacitana*, nous apprend que les Latins domiciliés à Rome votaient aux comices tributes dans une tribu désignée par le sort (1). Enfin ils pouvaient acquérir le droit de cité en remplissant une des conditions suivantes : 1° s'ils venaient se fixer à Rome en laissant dans leur pays des enfants pour y continuer leur famille (2); 2° s'ils exerçaient dans une ville latine une magistrature annuelle ; 3° en intentant à un magistrat romain un procès *repetundarum* si l'accusation aboutissait à une condamnation.

Les *Latini Juniani* acquéraient le droit de cité : 1° par une faveur de l'empereur (*beneficio principali*) ; mais dans ce cas, le patron conservait ses droits sur les biens de son affranchi défunt, si la concession faite à son insu ou malgré son opposition, n'était pas complétée par un des sept modes suivants ; 2° *causæ probatione*. Quand un Latin Junien a épousé soit une Latine Junienne, soit une Romaine *liberorum quaerendorum causa*, c'est-à-dire dans des conditions telles que les deux conjoints puissent avoir

(1) Ceci ne s'applique pas aux *Latini Juniani* dont l'institution ne date que d'une époque où les comices n'étaient plus représentés que par la formalité de la proclamation (*renuntiatio*) des votes transférés des assemblées populaires au Sénat.

(2) *Tite Live*, XLI, 8.

ensemble des enfants, le mariage ayant été contracté en présence de sept témoins, citoyens Romains et pubères, s'il en est résulté un enfant de l'un ou l'autre sexe, actuellement âgé d'un an (*anniculus*), le Latin se présente devant le magistrat pour faire la preuve de ces circonstances, et s'il la fait, il obtient la cité pour lui, sa femme et son enfant; en même temps, par un effet rétroactif, il acquiert la *patria potestas* sur l'enfant; 3° *Iteratione*, c'est-à-dire par un second affranchissement selon les formes solennelles. Si le maître qui avait fait un premier affranchissement irrégulier, avait la propriété quiritaire, il faisait un second affranchissement selon les formes solennelles; si un premier affranchissement avait été fait par un maître ayant l'esclave *in bonis*, un second affranchissement était fait par le *nudus dominus ex jure quiritium*. Un sénatus-consulte étendit aux enfants du Latin le bienfait de l'*iteratio*. 4° *Militia*. Une loi Visellia exigeait pour cette condition six années de service dans les troupes de police de Rome (*inter vigiles*); un sénatus-consulte réduisit ces six années à trois. 6° *Nave*. Si le Latin a construit un navire du port de mille mesures au moins, et que ce navire ou un autre tenant sa place ait transporté du blé à Rome pendant six ans. L'édit de Claude qui introduisit ce mode est une des preuves de la difficulté qu'éprouvait le gouvernement pour assurer les approvisionnements de la capitale. 6° *Ædificio*. Si le latin dont le patrimoine atteint un certain chiffre (*qui patrimonium sestertium* CC *milium plurisve habebit*), a employé au moins la moitié de ce patrimoine à élever une construction dans la ville de Rome. 7° *Pistrino*. Si le latin a tenu pendant trois ans au moins à Rome un moulin opérant chaque jour sur un minimum de cent mesures. Les deux modes précédents ont été introduits par un édit de Claude, ce dernier a été introduit par Trajan. 8° *Ex senatus-consulto mulier quæ sit ter enixa*. La mère latine qui a mis au monde trois enfants prend la qualité de romaine.

Les latins, en leur qualité de pérégrins, *étaient* soumis aux peines corporelles dont les *leges Porciæ* avaient exempté les citoyens Romains, sauf dans le service militaire. Encore les citoyens romains avaient-ils dans ce cas le privilège de ne pouvoir être frappés qu'avec le cep de vigne que nous trouvons sans cesse à la main des centurions, tandis que latins et pérégrins étaient battus avec un bois quelconque. Une loi rendue en 122 avant notre ère sur la proposition de Livins Drusus, ordonnait que les latins ne fùssent plus battus de verges, même en temps de guerre ; mais cette loi ne fut pas appliquée : c'est ainsi que nous voyons le consul Marcellus faire battre de verges un habitant de Come, ville de la Gaule Transpadane dont César était le patron et qui avait reçu de Pompeius Strabo le *jus Latii* . C'était une violente injure contre César auquel Marcellus renvoya sa victime montrer son dos cicatrisé ; mais ce n'était pas un acte illégal, le Latin ainsi maltraité n'ayant pas exercé de magistrature qui, en l'élevant au droit de cité romaine, l'eût mis à l'abri d'un tel châtiment : nous en trouvons la preuve dans le témoignage de Cicéron, qui blâme Marcellus, mais ne l'accuse pas d'avoir violé la loi (1).

Nous avons vu que les Latins parvenaient à la cité Romaine en exerçant une magistrature dans leur ville, à la tête de laquelle étaient placés, comme en général dans toute les cités qui faisaient partie du système romain, un conseil (*curia*) dont les membres (*decuriones*) se recrutaient par l'élection, et des magistrats, égalements élus, chargés du pouvoir exécutif et du pouvoir judiciaire (2). Dans certaines villes privilégiées, l'acquisition du droit de cité romaine était attachée non pas seulement à l'exercice de l'une des magistratures annuelles entre lesquelles se par-

(1) Marcellus foede in Comensi : etsi ille magistratum non gesserit, erat tamen Transpadanus. (Cic. ad Atticum, v, 11, 2). César avait donné aux habitant de Come la cité romaine ; l'intention de Marcellus était de montrer qu'à ses yeux cette concession était nulle et qu'il les tenait toujours pour de simples Latins, soumis aux verges de Rome.

(2) Voir dans le 3e vol. les municipalités de l'empire.

tageait le pouvoir exécutif, mais encore à l'entrée dans le conseil de la cité. Les villes qui jouissaient de ce privilège avaient ce qu'on appelait le *majus Latium*, tandis que celles où l'on ne parvenait à la cité romaine que par l'exercice d'une magistrature, avaient le *minus Latium*. Un texte de Gaius restitué par M. Studemund, établit ainsi la distinction de ces deux formes du *jus Latii* : « aut majus est Latium, aut minus ; « majus est Latium cum et hi qui decuriones « leguntur et ei qui honorem aliquem aut magis- « tratum gerunt, civitatem Romanam conse- « cuntur ; minus est Latium cum hi tantum qui « magistratum vel honorem gerunt, ad civita- « tem Romanam perveniunt, idque compluribus « epistulis principum significatur. » Il faut entendre par *honorem* le duumvirat conféré par l'empereur dans le cas où la majorité absolue des curies n'était pas parvenue à se former sur un second duovir ; en effet, la collation tenait alors la place de l'élection qui, encore au temps de Cicéron, était regardée comme la condition nécessaire du pouvoir magistral. M. Hirschfeld nous semble avoir démontré que l'institution du *majus Latium*, qui aurait eu pour but de provoquer par un nouveau privilège des candidats au décurionat dans les villes Latines où ces fonctions étaient délaissées à cause des craintes inspirées par les dépenses et la responsabilité financière qu'elles entraînaient, n'est pas antérieure au règne d'Hadrien. En effet, les nombreux documents qui se rapportent aux temps plus anciens ne mentionnent jamais cette division du droit Latin en deux degrés inégaux et nous montrent constamment l'acquisition de la cité Romaine attachée à l'exercice d'une magistrature, et non au simple décurionat. Prenons par exemple le § 25 de la *lex Salpensana* sur le *præfectus* suppléant le duovir absent : « ei qui « ita præfectus relictus erit..... in omnibus rebus « id jus eaque potestas esto, præterquam de « præfecto relinquendo et de civitate Romana « consequenda, quod jus quæque potestas hac lege « II viris qui jure dicundo præerunt, datur. » Comme le commencement du paragraphe détermine que ces préfets devaient être pris parmi les décurions, il en résulte qu'à Salpensa le décurionat ne conduisait pas à la cité Romaine : par conséquent Salpensa et sans doute l'Espagne, n'avaient obtenu que le droit qualifié par Gaius de *minus Latium*, et l'expression générale de Pline « *Latium tribuit* » fournit sinon une preuve décisive, du moins un argument *ex silentio* à l'appui de la thèse selon laquelle cette forme du droit Latin était seule connue alors. Enfin, ce qui est plus probant que le silence des documents sur le *majus Latium*, c'est seulement au second siècle de l'empire et pour la première fois sous Trajan, que le recrutement du décurionat commence à rencontrer les difficultés qui ont motivé la création de cette nouvelle forme du droit Latin ; pendant tout le premier siècle de l'empire les fonctions municipales, loin d'être considérées comme un fardeau, étaient au contraire fort recherchées et par suite on n'avait pas à se préoccuper de provoquer des candidatures (1).

§ 5. — Les civitates sine suffragio, les municipes, les préfectures, les villes libres et fédérées (civitates liberæ et fœderatæ).

Le droit latin, avons-nous dit, constitue une condition privilégiée parmi les pérégrins et implique même quelques-uns des avantages de la cité. Au dessous des Latins, nous trouvons une grande variété de conditions qui peuvent cependant se ramener à un certain nombre de types principaux.

Les *civitates sine suffragio* ont ce que l'on a appelé la cité passive, c'est-à-dire qu'elles ont une part plus ou moins large des droits privés, mais sont complètement privées des droits politiques compris dans la *civitas Romana*. Leurs habitants ne font pas partie des tribus comme nous l'apprend un passage de Tite-Live (2), qui

(1) Voir sur cette question : contribution à l'histoire du *Droit Latin* par Otto Hirshfeld, traduction de H. Thedenat, chez Thorin, 1880.

(2) XXXVIII, 36.

nous montre les habitants de Formies, de Fundi et et d'Arpinum inscrits les uns dans la tribu Æmilia, les autres dans la tribu Cornelia quand ils obtiennent le droit de suffrage; ils n'étaient donc pas jusque-là véritablement citoyens, car l'inscription dans une tribu est le signe caractéristique de la *Civitas Romana*. Tite-Live cependant les qualifie tantôt de *cives*, tantôt de *socii*, et si Polybe (1) les appelle Ρωμαῖοι, en parlant des Campaniens, Denys d'Halicarnasse (2) les nomme plus justement ὑπήκοοι. Ces contradictions s'expliquent, parce que la *civitas sine suffragio* n'existait plus, à l'époque des écrivains classiques, que dans le cas où les censeurs suspendaient, par une mesure afflictive, le droit de vote d'un citoyen qui était ainsi relégué dans une classe de punition, celle des *aerarii* (ærarium fieri) ou des *Caerites* (in Cæritum tabulas referri), ainsi nommée parce que la ville de Caere en Etrurie, fut réduite la première à la condition défavorable de municipe sans suffrage, dont elle resta le type. Par suite, on n'avait plus, au temps où ont été rédigés les ouvrages que nous pouvons consulter, une notion exacte de cette condition appliquée à des peuples : Tite-Live, par exemple, omet souvent d'ajouter au mot *civitas* la spécification *sine suffragio*,

(1) xi, 7.
(2) xxxv, 5.

et partant de cette idée qu'en octroyant le droit de cité à des vaincus, Rome leur faisait une concession digne d'envie, il ne comprend ni pourquoi les Romains ont accordé de préférence cette faveur précisément aux peuples qui leur avaient opposé la plus vive résistance, ni comment les uns ont pu refuser un tel don, comme les Herniques (1), les autres ont eu l'ingratitude de faire défection après l'avoir reçu, comme Velitræ (2). Cependant lui-même il a pu voir dans les sources où il a puisé, et il constate souvent par son propre témoignage que la *civitas sine suffragio* n'était en réalité que la forme la plus dure de la sujétion, imposée aux vaincus que l'on voulait frapper d'un abaissement irrémédiable, comme les Antiates (3) et les Anagniens (4). Les villes qui subissaient cette con-

(1) Hernicorum tribus populis, Aletrinati, Verulano, Ferentinati, quia maluerant quam civitatem, suæ leges redditæ, conubiumque inter ipsos, quod aliquandiu soli Hernicorum habuerunt, permissum (Tite-Live, IX, 43).

(2) In Veliternos, veteres cives Romanos, quod toties rebellassent, graviter sævitum (Tite-Live, VIII, 14).

(3) ..... Antium nova colonia missa cum eo ut Antiatibus permitteretur, si et ipsi coloni adscribi vellent; naves inde longæ abactæ, interdictumque mari Antiati populo est, et civitas data (Tite-Live, VIII, 14).

(4) Anagninis quique arma Romanis intulerant civitas sine suffragii latione data; concilia conubiaque adempta, et magistratibus, præterquam sacrorum curatione, interdictum (Tite-Live, IX, 43).

dition, perdaient une partie de leur territoire sur laquelle on établissait des colons chargés de surveiller l'ancienne population. Elles n'étaient pas seulement privées de toute liberté d'action dans leurs relations internationales et étroitement assujetties à la direction politique des vainqueurs, elles étaient encore dépouillées de leurs instituiions propres et de l'autonomie municipale. Les unes, qui avaient reçu un grand nombre de colons Romains, devenaient des colonies romaines, c'est-à-dire des villes dans lesquelles se trouvait, à côté de l'ancien peuple privé de ses droits, une population nouvelle qui, comme nous l'avons montré, avait la plénitude de la cité Romaine ; les autres étaient gouvernées par des magistrats (præfecti) envoyés de Rome et formaient ce qu'on a appelé des préfectures : c'est en effet l'absence d'une autorité municipale indépendante qui est le trait caractéristique de la condition des préfectures dans lesquelles la justice et le gouvernement sont entre les mains des préfets romains. Les préfectures avaient un marché et un tribunal, mais point de magistrats à leur nomination ; le préfet était chez elles comme une sorte de dictateur qui leur tenait lieu de tout : elles n'avaient ni corps municipal, ni sénat, ni aucune des institutions qui faisaient la vie des cités antiques, et formaient non plus des peuples, mais de simples agglomérations. C'est ainsi que quand

Capoue eut été prise, après sa défection pendant la seconde guerre Punique, trois cents chevaliers qui, servant en Sicile, n'avaient pas pris part à la trahison de leurs compatriotes, furent incorporés au municipe de Cumes qui probablement avait déjà reçu le droit de suffrage. Il fallait, en effet, qu'en raison de leur fidélité on leur conservât leurs droits ; or Capoue n'étant plus une cité, il était nécessaire qu'on les rattachât à une autre commune pour qu'ils ne fûssent pas sans patrie. Les préfectures disparurent quand le droit de cité eut été étendu à toute l'Italie.

A côté des *civitates sine suffragio*, parmi les cités rattachées au système Romain par les liens d'un assujettissement toujours complet au point de vue des relations internationales, mais plus ou moins étroit au point de vue de la vie municipale et du droit privé, nous trouvons les municipes. La notion du municipe était déjà obscure au temps d'Aulu-Gelle qui constate que les Romains eux-mêmes n'étaient pas d'accord sur ce sujet : « municipes et municipia verba sunt dictu « facilia et usu obvia, et neutiquam reperias qui « hæc dicit quin scire se plane putet quid dicat ; « sed prefecto aliud est, aliud dicitur (1). D'après lui, c'était une erreur répandue que la condition des colonies, sans doute des colonies Latines,

(1) A. Gell., XVI, 13.

était supérieure à celle des municipes, et dans un discours sur les Italiques l'empereur Adrien aurait combattu cette erreur en exprimant son étonnement que les Italiens eux-mêmes et d'autres municipes, parmi lesquels il cite Utique, qui pouvaient garder leurs propres lois, aient demandé à être transformés en colonies. Les Prénestins, dit-il, avaient au contraire demandé à l'empereur Tibère de passer de l'état de colonie à celui de municipe, et Tibère qui s'était guéri chez eux d'une grave maladie, leur accorda par reconnaissance ce qu'ils demandaient (1). Ce qui caractérise le municipe, d'après Aulu-Gelle, c'est la participation au *munus*, c'est-à-dire aux fonctions (*officia*) de la vie civile des Romains et la faculté de conserver ses propres lois (2). Cette

(1) Existimamus meliore condicione esse colonias quam municipia, de cujus opinionis tam promiscuæ erroribus D. Hadrianus, in oratione quam de Italicensibus, unde ipse ortus fuit, in senatu habuit, peritissime disseruit, mirarique se ostendit quod et ipsi Italicienses, et quædam item alia municipia antiqua, in quibus Uticenses nominat, cum suis moribus legibusque uti possent, in jus coloniarum mutare gestiverint. Prænestinos autem refert maximo opere a Tiberio imperatore petiisse orasseque ut ex colonia in municipii statum redigerentur, idque illis Tiberium pro referenda gratia tribuisse, quod in eorum finibus, sub ipso oppido, ex capitali morbo revaluisset (A. Gell., XVI, 13).

(2) Municipes ergo sunt cives Romani ex municipiis, legibus suis et suo jure utentes, muneris tantum cum populo Romano participes; a quo munere capessendo

définition s'accorde avec celle de Festus, d'après lequel le terme *municipes* s'applique à trois catégories d'individus : « municipes erant qui « ex aliis civitatibus Romam venissent. Horum « autem tria fuere genera : alii qui cum Romam « venissent neque cives Romani essent, partici- « pes tamen fuerunt omnium rerum ad munus « fungendum una cum civibus Romanis, præter- « quam de suffragio ferendo aut magistratu ca- « piendo. Alii quorum civitas universa in civita- « tem Romanam venit. Alii qui ad civitatem « Romanam ita venerunt uti municipes essent « suæ quisque civitatis, suisque uterentur legi- « bus, simulque suffragium Romæ haberent et « ibi magistratus capere possent (1). » Au premier genre appartiennent les habitants de Fundi, de Formies, de Cumes, d'Acerra, de Lanuvium, de Tusculum, qui parvinrent au bout de peu d'années à la cité Romaine ; au second les Ariciens, les Cérites (2), les Anagniens ; au

appellati videntur, nullis aliis necessitatibus neque ulla populi Romani lege adstricti, nisi populus eorum fundus factus est (*ibid.*) Nous avons expliqué le terme *fundus* ci-dessus.

(1) Voir Festus dans les extraits faits par Paulus, au mot *municipium* ; voir aussi le dictionnaire de Forcellini au mot *municeps*.

(2) Les Cérites, en récompense de l'hospitalité donnée aux prêtres et aux sacra de Rome pendant l'invasion Gauloise, reçurent l'*hospitium publicum*, c'est-à-dire

troisième les Tiburtins, les Prénestins, les Pisans, les Arpinates ; la première et la seconde des catégories établies par Festus ne sont pas autre chose que la *civitas sine suffragio*, tandis que la troisième comprend tous les citoyens Romains *optimo jure* qui, comme Caton et Cicéron, ne sont pas originaires de Rome même. La différence entre les deux termes *civitas sine suffragio* et *municipium* peut donc être conçue de la façon suivante : le premier, plus étroit que le second et s'appliquant à des peuples traités moins favorablement par les Romains, désigne des cités qui perdant une partie de leur territoire livré à des colons et étant souvent en outre réduites à l'état de préfectures, n'obtenaient comme compensation à tous ces sacrifices que la participation à quelques-uns des droits privés compris dans la *civitas*. Le second au contraire implique deux conditions : 1° la faculté de garder ses propres lois ; 2° la participation à une somme plus ou moins considérable des droits compris dans la civitas. La première de ces conditions exclut de la définition du municipe les

que Rome leur accorda un traité qui facilitait les relations entre les deux peuples considérés comme indépendants et contenait peut-être aussi quelques concessions en matière de *conubium* et de *commercium* ; plus tard les Cérites firent la guerre à Rome qui leur enleva la moitié de leurs terres et les réduisit à la *civitas sine suffragio*.

civitates sine suffragio qui réduites à l'état de préfectures, ont perdu par là leur autonomie municipale ; la seconde s'applique à quelques-unes des *civitates sine suffragio*, mais elle s'applique en outre à tous les individus et à toutes les cités qui ont obtenu la plénitude de la *civitas Romana* : c'est ce qu'on appelait le municipe au droit le plus large, *optimo jure municipium*. Quant aux colonies, elles diffèrent des municipes, comme le dit Aulu-Gelle (1), par deux caractères : 1° elles ont leurs racines dans Rome même dont elles ne sont en quelque sorte qu'un extension, ce qui est vrai non-seulement des colonies Romaines, mais aussi des colonies dites Latines, car les unes et les autres sont fondées par le gouvernement de Rome, et les secondes comprenaient, avec les Latins, des citoyens Romains, qui toutefois abdiquaient leur qualité en s'y faisant inscrire ; le municipe, au contraire, tire son origine de lui-même en tant que corps social ; 2° les colonies, si elles parti-

(1) Coloniarum alia necessitudo est : non enim veniunt extrinsecus in civitatem, nec suis radicibus nituntur, sed ex civitate quasi propagatæ sunt, et jura institutaque omnia populi Romani, non sui arbitrii habent ; quæ tamen condicio cum sit magis obnoxia et minus libera, potior tamen et præstabilior existimatur propter amplitudinem majestatemque populi Romani cujus istæ coloniæ quasi effigies parvæ simulacraque esse quædam videntur (A. Gell. xvi, 13).

cipent à la majesté du peuple Romain, dont elles ont même, au moins virtuellement, quand elles sont colonies romaines, tous les droits politiques (1), sont cependant assujetties aux lois de la métropole ; le municipe, au contraire, garde, comme nous l'avons vu, ses propres lois, à moins qu'il n'adopte volontairement les lois de Rome.

Quand la plénitude du droit de cité eut été étendue à toute l'Italie, qui par suite ne présenta plus que des *municipia optimo jure*, Jules César avec son esprit pratique et sa vocation d'organisateur, s'efforça de compléter la constitution de toute la péninsule en cités municipes : c'est là l'objet de ses deux lois municipales, l'une de l'an 49 pour la Gaule Cisalpine, l'autre de l'an 45 pour toute l'Italie. En même temps, le système des municipalités Italiques, répandu hors de l'Italie, constituait pour les villes les plus avancées dans la civilisation romaine une sorte de stage, au terme duquel elles voyaient briller l'espoir qu'un jour il leur serait donné d'être placées sur le pied de l'égalité avec l'Italie et avec Rome. Telle était la situation des grandes villes maritimes comme Gadès, Sinope, Béryte, Alexandrie ; le monde extra-italique présenta alors le spectacle de la même diversité de conditions que l'ancienne Italie, et comme autrefois,

(1) Jus suffragii, jus honorum.

la situation de chaque cité, municipe ou alliée, dépendait des conditions qui lui étaient octroyées par le traité qui réglait sa soumission.

Les villes libres et fédérées (civitates liberæ et fœderatæ), étaient politiquement assujetties à Rome qui, tout en leur accordant le titre d'alliées, leur enlevait cependant la liberté de leurs relations internationales : elles ne pouvaient ni envoyer d'ambassades à d'autres villes que Rome, ni signer un traité ou une convention ; en un mot, elles n'étaient plus des cités souveraines et il est à remarquer que, dans toute l'étendue des pays rattachés par un lien quelconque au système romain, il n'y avait plus d'autre souveraineté que celle de Rome. A moins que le traité qui règle leur situation ne les déclare *immunes,* les villes fédérées sont soumises à des impôts et à des charges de toute nature, réparties d'une façon fort inégale, selon qu'elles sont plus ou moins favorisées : Naples et Héraclée, par exemple, ont été si bien traitées que quand il sera question de leur octroyer la cité qui, il est vrai, ne leur était peut-être offerte que sous la forme de la *civitas sine suffragio,* elles demanderont à garder leurs institutions nationales ; Tarente, au contraire, et les cités samnites ou campaniennes sont, après leur défection, dans un état voisin de la servitude : Ségeste, Halicie, Centorbe, Halesa, Panorme, sont exemptes de la dîme et des taxes. A Halicie, les étrangers sont soumis à la dîme dont les Haliciens sont exempts ; dans d'autres villes de la même classe, tout le monde paie tribut. Tous les alliés, les Latins habitants des municipes, comme les citoyens des villes libres et fédérées, devaient fournir des contingents pour les troupes de terre ou de mer, et c'était sur eux principalement que pesait le recrutement de la marine : les populations maritimes de l'Italie méridionale, de la Sicile, de la Grèce, de l'Asie, formaient les équipages de la flotte et les vaisseaux étaient fournis par les villes de la côte, à raison de un par cité, sauf les commandes extraordinaires. Il n'y avait d'exception à cette règle que pour les Juifs, dont l'immnuité était consacrée par un sénatus-consulte que Josèphe nous a conservé (1). Les traités fixaient le maximum des contingents dont les chiffres étaient déterminés chaque année par le Sénat, selon les besoins du service. Dans les circonstances extraordinaires, en cas de tumulte, par exemple, le Sénat ne tenait plus aucun compte des traités et épuisait les alliés pour le salut de Rome. Outre les vaisseaux et les hommes qui devaient servir soit sur la flotte, soit dans les cohortes auxiliaires qui combattaient à côté des légions, les sujets et alliés de Rome, de quelque catégorie qu'ils fussent, étaient chargés de pourvoir à l'entretien

(1) Josèphe, XIV, 17.

de leurs contingents (stipendium), et ils devaient encore livrer, sur réquisition, en temps de paix comme en temps de guerre, toutes les fournitures que les magistrats romains jugeaient nécesssaires : Blé, armes, chevaux, bêtes de somme, esclaves, vêtements, cuirs, etc. Les charges de toute nature (vectigalia, stipendia, tributa, portoria, scriptura), pesant dans toutes les provinces, sur tous les peuples qui, à un titre quelconque, étaient rattachés au système romain, formaient une partie considérable des revenus de l'ærarium.

Les villes libres et fédérées que nous trouvons dans les provinces à côté des autres types provinciaux dont nous avons étudié déjà les traits distinctifs et les caractères communs, n'étaient donc, en réalité, malgré leur titre, que des peuples sujets de Rome. Cependant, elles gardaient leur autonomie municipale et, en temps ordinaire, les gouverneurs des circonscriptions provinciales dans lesquelles elles étaient comprises, n'intervenaient pas dans les mesures prises par les autorités légitimes, selon les limites de leur compétence, ni dans l'exercice de la justice locale. Les institutions de chaque pays étaient respectées, autant que le permettait l'intérêt de Rome, et les cités continuaient à choisir tous les ans leurs magistrats par l'élection ; mais, partout les Romains s'efforçaient, avec un plein succès, de supprimer les démocraties, pour faire remettre le pouvoir entre les mains de conseils aristocratiques avec la complicité desquels, en Grèce et en Macédoine surtout, Rome consolida sa domination.

On entendait par *dediticii* les peuples qui, soit spontanément, comme Collatie à l'époque royale, et Capoue quand elle ne vit pas d'autre moyen de repousser les Samnites, soit après avoir été vaincus par les armes, se sont livrés sans conditions aux Romains, eux et leurs biens. Tite-Live nous a conservé, à propos de Collatie (1), la formule de cette capitulation à la suite de laquelle, selon Denys d'Halicarnasse, Rome confisquait ordinairement aux vaincus le tiers de leur territoire. Mais si le terme *dediticii* désigne chez les juristes la catégorie la plus basse des affranchis, il ne s'applique pas chez les historiens à une classe spéciale des sujets de Rome, distinguée des autres par une condition politique qui leur soit propre; les peuples qui s'étaient livrés (dediti), recevaient du Sénat la formule qui fixait leur situation dans le système romain, dans lequel le dediticiat marquait seulement leur mode d'entrée.

(1) I, 38.

D. D.

6ᵉ PARTIE

LE GOUVERNEMENT DES PROVINCES PENDANT LA PÉRIODE RÉPUBLICAINE

§ 1. — Différentes acceptions du terme *provincia*.

Le terme de *provincia* désigne primitivement un commandement militaire qui s'exerçait dans une région déterminée par le Sénat : c'est avec ce sens que Tite-Live l'emploie très-fréquemment dans des récits qui se rapportent à des temps antérieurs à la réduction de la première province (1), c'est-à-dire de la Sicile, vers l'an 240, après le traité par lequel Hamilcar, au nom de Carthage, abandonna aux Romains l'île entière, qui fut organisée par C. Lutatius, le vainqueur des îles Egates. Cette acception s'accorde avec l'étymologie par laquelle les écrivains latins rattachaient *provincia* à *pro-vincere*, soit parce

(1) Consules T. Sicinius et C. Aquilius : Sicinio Volsci, Aquilio Hernici (nam ii quoque in armis erant) provincia evenit. (Tite-Live, II, *id.* III, 41 ; VII, 11 ; X, 11.)

que les territoires qui formaient les provinces étaient entrés dans le système romain après avoir été vaincus par les armes, soit parce que les victoires à la suite desquelles ils étaient annexés reculaient les limites de l'empire de Rome (1). Mais la tâche des magistrats romains, consuls, préteurs, et, plus tard, proconsuls ou propréteurs, auxquels étaient remis ces grands commandements, n'était pas seulement celle d'un général d'armée; ils devaient aussi servir la politique du Sénat en préparant par l'administration et par des négociations avec les cités ou les rois des pays dans lesquels ils opéraient, la transition de l'occupation militaire à l'annexion définitive. La multiplicité des devoirs qui incombaient à ces magistrats, diplomates et administrateurs en même temps que généraux, nous explique pourquoi le terme *provincia* s'étendit des attributions militaires à toute espèce de compétences, comme celles des questeurs ou des préteurs à Rome, avec la même signification que *jurisdictio : provincia urbana, peregrina, aquaria.* Cette acception suivant laquelle le mot

(1) Provincia (ἐπαρχία), regio armis a populo Romano devicta aut modo quocumque in potestatem redacta et imperio dicionique ejus adjecta, et Romanis legibus ac magistratibus subjecta. Dictæ sunt provinciæ, inquit Paulus ex Festo, quod populus Romanus eas provicit; id est armis vicit; sed, ut Voss. in Etym. ait, *pro* hic non tam *ante* significat quam *procul* vel *foris*. (Forcellini.)

exprime l'idée de charge, tâche imposée, semble avoir été la plus ancienne ; en passant dans la langue du droit, le mot aurait pris le sens spécial de commandement dans une région déterminée par le Sénat, de la même manière que notre mot français *intendance*, qui signifie d'abord d'une façon générale *surveillance*, *administration* (1), s'est particularisé dans le style technique où il désigne soit les fonctions des intendants de nos anciennes provinces ou celles des intendants des familles opulentes, soit les fonctions des officiers supérieurs de l'administration militaire dans nos armées modernes (2). Nous trouvons donc, dans l'histoire du mot, trois phases en quelque sorte : pendant la première, il signifie une charge quelconque ; et c'est ainsi que l'emploient les comiques, comme Plante quand il dit : ipsi obsonant, quæ parasitorum ante erat provincia (3). Pendant la seconde phase, la langue du droit y attache le sens précis de commandement dans une région fixée par le Sénat, et comme les missions de ce genre, telles que nous les présente Tite-Live, s'exercent principalement par les armes, les écrivains latins,

(1) Attribuant l'intendance du monde tantost à l'entendement, tantost au ciel, tantost aux estoiles. (Mont. II, 240, cité par Littré.)

(2) Conf. Michel Bréal et Anatole Bailly, *Dictionnaire étymologique latin*, au mot *provincia*.

(3) Capt. III, 1, 474.

s'appuyant sur une étymologie, d'ailleurs sans valeur scientifique, donnent à *provincia* une idée surtout militaire. Mais, comme nous l'avons montré, le magistrat romain qui commande une province a des attributions multiples, et par suite le mot prend, dans le style officiel, une extension qui le rapproche de son acception primitive : en effet les acceptions nouvelles n'effacent pas les anciennes, elles s'y ajoutent et pendant cette troisième phase avec laquelle la signification du mot achève son évolution, *provincia* désigne dans le langage usuel une mission analogue aux commandements que décernait le Sénat; Cicéron l'emploie de cette manière pour parler du rôle d'un des complices de Catilina qui s'était chargé de l'assassiner : tum tuus pater, Corneli, id quod tandem aliquando confitetur, illam sibi provinciam depoposcit ut, cum prima luce consulem salutatum veniret, intromissus meo more et jure amicitiæ, me in meo lectulo trucidaret (1). Lucain appelle de même la lutte contre César une province confiée à Pompée :

Ultima Pompeio dabitur provincia Cæsar.

Dans le style technique, les commandements décernés par le Sénat s'exerçant dans des régions dont les limites deviennent de plus en plus stables, *provincia* tend à passer du nom personnel au sens réel : le mot désigne encore

(1) Cic., *pro Syll.*, XVIII.

une mission quelconque, mais il désigne plus spécialement un commandement dans un territoire extra-italique soumis au peuple romain par la guerre ou par une donation volontaire, et assujetti au tribut; ou dans une dernière acception étroitement liée à la précédente et qui ne prévaut que sous l'empire, la province devient ce qu'elle est pour nous comme elle l'était déjà pour les écrivains de l'époque impériale, une circonscription géographique en dehors de la métropole.

Si l'on prend le mot *provincia* dans le sens d'une circonscription géographique plus ou moins déterminée et non d'un commandement personnel, il n'y a pas de province en Italie : en effet, dans les limites de l'Italie qui, jusqu'au second triumvirat (1) s'étend du golfe de Tarente jus-

(1) Primitivement le nom d'Italie ne s'appliquait qu'à la petite péninsule limitée par le golfe Lamétique (aujourd'hui golfo di santa Eufemia) et le golfe de Scylacium (aujourd'hui de Squillace, ville de l'ancien Brutium, fondée par les Athéniens) et ne comprenait que la Calabre ultérieure. (Aristote, *Polit.*, VII, 9, 2.) Vers l'an 320 de Rome, elle était bornée au nord par une ligne tirée de la petite rivière du Laüs jusqu'à Métaponte (Strabon, VI). Vers la fin du Ve siècle de Rome, elle comprenait au midi tous les pays situés au sud du Tibre et de l'Æsis (Esino) et, par conséquent, le royaume de Naples et une petite partie des états de l'Eglise. Enfin, vers l'an 600 de Rome, Polybe lui donnait sa plus grande étendue en y comprenant dans le sens géographique, les provinces

qu'au Rubicon, vers la mer Adriatique, et jusqu'à Luna, du côté de la mer Tyrrhénienne, tous les peuples attachés d'une façon quelconque à la fédération romaine, relèvent directement du gouvernement de la République. Si nous prenons au contraire le terme *provincia* dans le sens d'un gouvernement personnel, nous voyons le commandement général de l'Italie, y compris la Gaule Cisalpine, former une province consulaire, comme cela eut lieu, par exemple, plusieurs fois pendant la guerre contre Annibal (1). Souvent aussi l'Italie forma deux provinces consulaires

situées au sud des Alpes, c'est-à-dire la Vénétie et la Gaule Cisalpine, qui cependant continuèrent longtemps après à être regardées comme extra-italiques. Ce furent en effet les triumvirs Octavien, Marc Antoine et Lépide qui reculèrent les bornes de l'Italie jusqu'aux Alpes, afin d'empêcher qu'à l'avenir la Gaule Cisalpine ne fût gouvernée par un proconsul ayant à sa disposition des troupes avec lesquelles il pût attaquer la République comme l'avait fait Jules César.

(1) Tite-Live, XXIV, 44; XXV, 3; XXVII, 22 : utrique consulum Italia decreta provincia est; XXVII, J. Q. Fabio Maximo quintum, Q. Fulvio Flacco quartum consulibus, idibus Martiis, quo die magistratum inierunt, Italia ambobus provincia decreta; regionibus tamen partitum imperium : Fabius ad Tarentum, Fulvius in Lucanis ac Bruttiis rem gereret. Dans ce dernier exemple, le Sénat a formé du commandement de l'Italie une seule province consulaire, mais avec deux quartiers généraux distincts.

que les consuls se partagent à l'amiable ou par le tirage au sort (1).

§ 2. — Organisation des promagistratures

Quand l'action du gouvernement Romain ne fût plus renfermée dans les limites étroites d'un modeste territoire en Italie, les magistrats établis par la constitution républicaine ne suffirent plus aux besoins du service. Cette insuffisance, qui se faisait déjà sentir à une époque où Rome guerroyait encore contre les Æques, donna lieu pour la première fois en 463 avant notre ère à la création d'un proconsulat, celui de Titus Quinctius, chargé d'aller réparer la défaite de l'un des consuls, Spurius Furius, qui était enveloppé par l'ennemi avec son armée, tandis que le second consul, Postumius, investi des pouvoirs que conférait le *senatus-consultum ultimum*, resterait dans la ville pour assurer la mobilisation de tous les hommes en état de porter les armes (2). Ce n'est là qu'un expédient extraordinaire imposé par les circonstances ; mais la complication croissante des affaires en provoquera le renouvellement, et il se généralisera sous deux formes différentes : celle de la promagistrature

(1) Tite-Live, XXIX, 13 ; XXX, 1.
(2) Tite-Live, III, 4.

donnée à un citoyen qui n'a pas été revêtu de la magistrature proprement dite dont le titre lui est conféré (1), et celle de la prorogation.

Nous venons de voir dans T. Quinctius le plus ancien exemple de la première de ces deux formes; nous trouvons de même en 206 avant notre ère, M. Marcellus investi du proconsulat en sortant de la préture (2), et P. Scipion, dans le cours de la même guerre punique envoyé en Espagne, avec le même titre, à l'âge de vingt-quatre ans, alors qu'il n'avait encore exercé que l'édilité, pour remplacer dans ce poste périlleux son père et son oncle qui venaient d'y succomber (3). Dans l'histoire de Catilina, Salluste nous montre également Pison, simple questeur, envoyé en Espagne, grâce à l'appui de Crassus, avec le titre de propréteur (4). Quant à la prorogation, qui est le point de départ de l'institution régulière des promagistratures, le premier exemple est celui du proconsulat de Q. Publius Philo, l'an 326 avant notre ère; elle est d'un usage constant et régulièrement organisé depuis Sylla : les deux consuls restent dès lors à Rome pendant l'année où ils sont en charge et sont

(1) Observons que le titre de promagistrat fut aussi porté par les magistrats prorogés.

(2) Tite-Live, XXIII, 30.

(3) Tite-Live, XXVI, 18.

(4) Salluste, *Catilina*, XIX.

ensuite envoyés en province avec le titre de proconsuls. La perspective de ces gouvernements dans lesquels les magistrats les plus honnêtes pouvaient, sans difficulté, refaire ou augmenter leur fortune, était trop souvent le plus puissant des attraits qui faisaient convoiter la préture et le consulat, et par suite les hommes d'état y voyaient la cause principale de ces manœuvres illégales que les nombreuses lois sur la brigue réussissaient de moins en moins à réprimer. C'est pour cela que Pompée, pendant son troisième consulat, crut attaquer le mal dans sa racine par la *Lex Pompeia* de l'an 52 qui, confirmant un sénatus-consulte de l'an 53, décidait que les consuls et les préteurs ne seraient envoyés dans les provinces comme proconsuls et propréteurs, qu'après un intervalle de cinq ans à partir de l'expiration de leurs magistratures : il se figurait qu'en reculant dans un avenir aussi éloigné les avantages qui tentaient l'avidité des candidats, il refroidirait leur ardeur. Toutefois, il s'était excepté lui-même de cette mesure en se faisant proroger pour cinq ans dans son gouvernement d'Espagne avant que la loi ne fût promulguée; en même temps il s'assurait le concours de César en le faisant dispenser des formalités qui eûssent rendu sa présence à Rome nécessaire pour poser sa candidature à un second consulat. Le tribun du peuple, Cælius, sollicité par Cicéron, se chargea de proposer cette mesure. La *Lex Pompeia,* pour pourvoir au gouvernement des provinces en attendant l'expiration des cinq années, pendant lesquelles les magistrats sortant de charge se trouveraient exclus, disposait que les vacances seraient comblées par des consulaires ou d'anciens préteurs tirés au sort parmi ceux qui n'auraient pas encore exercé de commandements provinciaux, et ce fut ainsi que Cicéron se vit obligé d'accepter à contre-cœur le proconsulat de Cilicie qu'Appius allait laisser disponible.

De même que les consuls, les préteurs se partageaient primitivement les provinces prétoriennes, c'est-à-dire les commandements italiques ou extra-italiques désignés par le Sénat en nombre égal à celui des préteurs disponibles. Mais, comme nous l'avons expliqué en traitant de la préture (1), à partir du développement des *Quæstiones perpetuæ* (2), les six préteurs se

(1) T. I, p. 132-133.

(2) L'institution de la première *Quæstio perpetua,* celle *De pecuniis repetundis* est de l'an 149, la *Lex Maria de ambitu* en institua une seconde contre la brigue, en 119 ; la même année vit la création de la *Quæstio peculatus,* contre le détournement des deniers publics. Nous trouvons ensuite, en 112, la *Lex Apuleia de majestate,* pour les attentats contre la souveraineté populaire, et la loi *Lutatia de vi;* en 95, la loi *Linicia Mucia de civitate,* en 89, la loi *Fabia de plagio :* la première portée par L. Licinius Crassus et Mucius Scævola, avait pour but de forcer à rentrer dans

trouvent occupés à Rome, deux par la juridiction urbaine et la juridiction pérégrine, quatre par la présidence des *Quæstiones*. Quand le nombre de celles-ci fut augmenté, il y eut huit préteurs, et ce fut dès lors une règle constante qu'ils restâssent à Rome pendant leur année d'exercice ; c'était seulement après leur sortie de charge qu'ils allaient en qualité de propréteurs, gouverner les provinces prétoriennes extra-italiques désignées par le Sénat : ils les partageaient entre eux par le tirage au sort, comme ils s'étaient partagé, par un premier tirage, la juridiction urbaine, la juridiction pérégrine et les différentes *Quæstiones perpetuæ*.

§ 3. — Détermination et répartition des provinces.

La détermination des provinces, c'est-à-dire des commandements à répartir entre les magis-

leurs villes les *Socii* et les *Latini* qui s'étaient glissés frauduleusement dans la cité et, par suite, elle instituait un tribunal devant lequel étaient portées les poursuites relative au *Status civitatis;* la seconde créait un tribunal pour les accusations *de plagium*, crime qui consistait soit à acheter, à vendre ou à tenir comme esclave un homme libre, soit à engager un esclave à fuir, à le cacher, le retenir, l'acheter, le vendre, en faire donation à l'insu ou contre le gré du maître légitime. Sylla étendit aux crimes commis contre les particuliers, tels que les faux, les meurtres, la compétence des *Quæstiones perpetuæ*.

trats en charge ou sortis de charge, a toujours été une des attributions essentielles du Sénat : les consuls convoquent cette haute assemblée et la saisissent régulièrement de la question en l'inscrivant à l'ordre du jour. Tite-Live ne manque jamais de mentionner, sous chaque consulat, comme un événement des plus importants, le règlement d'État des provinces qui, pendant longtemps, eut lieu au commencement de l'année même où les magistrats entraient en charge (1). L'an de Rome 630, une loi proposée par le plus jeune des Gracques, le tribun Caius Sempronius Gracchus, et connue sous le nom de loi *Sempronia*, ordonna que la désignation des provinces qui devaient être occupées par les consuls à l'expiration de leur charge, aurait lieu avant les comices consulaires, afin que, fixée antérieurement aux élections, elle ne pût pas être réglée en vue de tel ou tel magistrat agréable à la haute assemblée. Enfin, nous avons vu que la *Lex Pompeia* mettait un intervalle de cinq ans entre l'exercice du consulat ou de la préture à Rome et celui du proconsulat ou de la propréture dans une province hors de l'Italie.

C'était le Sénat, avons-nous dit, qui, saisi par

(1) Principio insequentis anni, M. Servilius, Tib. Claudius, senatu in Capitolium vocato, de provinciis retulerunt. Tite-Live, xxx, 27 ; Conf. id. xxxiii, 43. L. Valerius Flaccus et M. Porcius, quo die magistratum inierunt, de provinciis cum ad senatum retulissent...

les consuls, fixait les provinces, qui devaient être occupées par les différents magistrats, en charge ou sortis de charge et prorogés, et par les promagistrats investis des pouvoirs d'une magistrature qu'ils n'avaient pas exercée. Seule, en effet, cette assemblée qui comprenait tous les hommes ayant rempli les premières charges de la République, avait les traditions et les lumières qui assuraient l'heureux accomplissement de cette œuvre de politique et de haute administration. Correspondant avec tous les généraux, sans cesse instruit, par leurs rapports et par ceux des commissaires (legati) qu'il envoyait de tous les côtés, le Sénat connaissait dans ses détails comme dans son ensemble la situation exacte du gouvernement partout où s'exerçait son action : aussi sa compétence pour le règlement des provinces ne fut-elle contestée que dans les temps troublés, postérieurement à l'âge des Gracques : avant cette époque, si le peuple intervenait, ce n'était que dans les cas où son intervention était nécessaire pour trancher un conflit entre les pouvoirs publics, ou sur la demande même du Sénat qui ne voulait pas assumer seul la responsabilité de certaines décisions. En 303, par exemple, les consuls M. Servilius et Tib. Claudius convoitaient l'un et l'autre la province d'Afrique : le Sénat les invita à s'entendre avec les tribuns du peuple pour faire désigner par les tribus le général auquel elles entendaient confier la conduite de la guerre d'Afrique. Celles-ci nommèrent toutes Scipion, qui en fut effectivement chargé : mais, en même temps, pour maintenir sa prérogative, le Sénat, tout en acceptant l'élu du peuple, fit tirer au sort la province d'Afrique entre les deux consuls et elle échut à Tib. Claudius qui dut y conduire cinquante vaisseaux, muni d'un *imperium* égal à celui de Scipion (1). Mais, à partir des Gracques, le progrès de l'esprit démocratique dans les institutions romaines a pour conséquence l'intervention populaire de plus en plus fréquente par voie plébiscitaire dans les départements qui jusque-là, en fait sinon en droit, étaient réservés au Sénat. Pendant la guerre contre Jugurtha, un vote populaire confie le commandement à Marius, sans tenir compte d'un décret du Sénat qui venait d'attribuer à Métellus la province de Numidie (2). Les plébiscites de Gabinius (3), de Manilius (4), de Vatinius nous offrent d'autres exemples de ces empiètements, et Cicéron, qui cependant avait servi contre le Sénat l'ambition de Pompée et de César, rappelle dans son discours contre Vatinius que la prérogative sénatoriale dans cette question ne pouvait être contestée que par un

(1) Tite-Live, XXX, 27.
(2) Salluste, *Jugurtha*, LXXIII.
(3) Plutarque, *Pompée*, XXV.
(4) Id., *ibid.*, XXXI.

ennemi de son pays : « N'est-tu pas réellement « le parricide de ta patrie, dit-il à son adver- « saire; espérais-tu que les sénateurs seraient « pour toujours retranchés de la République?... « Tu avais enlevé au Sénat le droit d'assigner « les gouvernements, de choisir les généraux, « de donner l'administration du Trésor, droit « que le peuple romain ne voulut jamais s'arro- « ger, qu'il ne tenta jamais d'enlever au sou- « verain conseil (1). »

Il est obligé lui-même de reconnaître qu'il y a eu des généraux nommés par le peuple ; mais quand les choses se passaient d'une façon normale, avant la constitution régulière du proconsulat et de la propréture à l'époque de Sylla, comme après cette époque, c'était le Sénat qui déterminait les provinces consulaires et prétoriennes. La première prorogation, qui date de l'an 326 avant notre ère, a été accordée au consul Publilius Philon par un plébiscite confirmant un sénatus-consulte (2); mais, dès le début de la seconde guerre punique, on se contenta du sénatus-consulte : Polybe (3) reconnaît formellement au Sénat seul le droit de décerner la pro-

(1) Cicéron, *In Vatinium*, XV.

(2) Actum cum tribunis est ad populum ferrent ut cum Publilius Philo consulatu abiisset, pro consule rem gereret quoad debellatum cum Graccis essext. (Tite-Live, VIII, 23).

(3) VI, 15.

rogation, et Tite-Live nous le montre sans cesse exerçant cette prérogative sans contestation (1).

Soit qu'il fût un simple particulier tenant ses pouvoirs de l'élection directe par le peuple consulté par les tribuns, conformément à la procédure indiquée par le Sénat, comme cela arriva souvent quand il s'agissait d'une guerre extra-italique, par exemple pour L. Marcius. qui fut envoyé en Espagne avec le titre de propréteur, à la tête de l'armée qu'avait commandée Scipion ;

Soit qu'il eût été choisi par un magistrat *cum imperio*, auquel le Sénat avait délégué la nomination ; soit qu'il eût été régulièrement prorogé suivant les formes établies depuis l'époque de Sylla, le promagistrat devait, en principe, être revêtu de l'*imperium militiæ* par une loi curiate. Mais nous avons vu (2) que la *lex curiata* n'était plus qu'une fiction dans laquelle les trente curies finirent par être représentées par leurs trente licteurs.

Cependant, cette cérémonie étant soumise aux auspices et pouvant être empêchée par la volonté des dieux, les partis y cherchèrent plus d'une fois, dans les derniers temps de la République, un moyen de créer des difficultés à leurs adversaires, par exemple en refusant de présenter la loi curiate, ou en annulant, par voie d'interces-

(1) Tite-Live, XXVI, 2 ; conf. id. XXIX, 13.

(2) Tome 1, première partie, p. 100.

sion, la nomination des promagistrats envoyés en province.

Il en était résulté que (1) les plus hardis purent souvent ne pas en tenir compte sans soulever de trop vives protestations.

Cicéron, il est vrai, se montre scandalisé d'un pacte que Memmius et son compétiteur avaient fait avec les consuls auxquels il voulaient succéder : ils s'étaient engagés envers ceux-ci, dans le cas où ils seraient désignés, à payer l'appui qu'ils leur auraient donné en faisant affirmer par trois augures la publication d'une loi curiate qui n'avait même pas été présentée, et à trouver deux consulaires qui attesteraient avoir pris part au décret réglant les provinces quoiqu'il n'eût pas été question de ce décret dans le Sénat ; faute de pouvoir produire ces faux témoignages, ils s'obligeaient à verser aux consuls chacun quatre cent mille sesterces (2). Mais ce qui

(1) La loi curiate était en effet réduite à une formalité dont on avait abusé ; cependant on la regardait toujours comme conforme au droit strict.

(2) Consules flagrant infamia quod C. Memmius candidatus pactionem in senatu recitavit quam ipse et suus competitor Domitius cum consulibus fecissent, uti ambo H S quadragena consulibus darent, si essent ipsi consules facti, nisi tres augures dedissent qui se adfuisse dicerent cum lex curiata ferretur, quæ lata non esset, et duo consulares, qui se dicerent in ornandis provinciis consularibus scribendo adfuisse, cum omnino ne senatus quidem fuisset. (Cic. ad. Att., IV, 18).

révolte Cicéron dans cette circonstance, c'est moins l'infraction à une loi constitutionnelle que la honte du marché scandaleux ainsi dévoilé au Sénat, avec pièces à l'appui, par Memmius, qui ne réussit pas à se faire élire, tandis que son complice Domitius fut nommé avec M. Valérius Messala. Le consul Appius Claudius, qui fut déshonoré dans cette affaire en même temps que Domitius, avait pu en effet, sans se compromettre, déclarer non-seulement dans des conversations, mais même devant le Sénat, que, dans le cas où il ne réussirait pas à faire passer la loi curiate, qui pouvait être entravée par l'obnuntiation ou par l'intercession tribunicienne, il s'entendrait avec son collègue et irait remplacer en Cilicie Lentulus qui gouvernait cette province. « Si l'usage, disait-il, demandait que les « consuls eûssent une loi curiate, c'était cependant sans nécessité ; ayant obtenu sa province « par un décret du Sénat, il aurait l'*imperium*, en « vertu de la loi Cornelia (1), jusqu'à ce qu'il « fût entré dans Rome. » Cicéron, qui communique cette nouvelle à Lentulus, reconnaît que, sur cette question, les avis sont partagés, et tout en donnant à entendre qu'au fond la loi curiate

(1) La loi Cornelia, rendue en 81 avant notre ère, ordonne au gouverneur de partir dans les trente jours après l'arrivée de son successeur et lui accorde l'*imperium* jusqu'à son retour à Rome.

lui semble nécessaire, il engage formellement son correspondant à ne point fonder sur un droit contesté une résistance qu'il juge à la fois impolitique et contraire à l'honneur.

Quelle que fût la valeur constitutionnelle de la loi curiate, c'était donc au Sénat qu'était réservé le règlement d'état des provinces. A quelque parti qu'ils appartinssent, les hommes politiques qui avaient l'intelligence et l'amour des véritables intérêts de la République, lui reconnaissaient cette attribution, et le plus populaire des tribuns, Caius Gracchus, loin de la contester, la consacra au contraire par sa *loi sempronia* (1). Cependant cette haute assemblée, tout en décidant avec une autorité absolue relativement au fond des choses, n'intervenait dans les questions de personnes que quand les circonstances l'exigeaient, pour conférer extraordinairement tel département à tel magistrat, sauf à faire ratifier son choix par les comices. Le plus souvent, le Sénat déterminait le nombre des départements qui devaient être occupés par les proconsuls et les propréteurs, et ceux-ci se les partageaient à l'amiable ou les tiraient au sort, chacun selon les limites de sa compétence. Les grandes pro-

(1) Provincias consulares C. Gracchus. qui unus maxime popularis fuit, non modo non abstulit ab senatu, sed etiam ut necesse esset quotannis constitui per senatum decreta lege sauxit. (Pro domo, IX).

vinces comme la Macédoine, et celles qui étaient le plus exposées aux incursions du dehors ou aux complications intérieures, telles que la Cilicie ou la Syrie, à cause du voisinage des Parthes, étaient généralement données à des consulaires, tandis que l'on donnait à des propréteurs les provinces de moindre étendue, plus tranquilles, plus voisines de Rome ; mais il y avait sous ce rapport un usage, non une règle, et si les circonstances l'exigeaient, telle province, prétorienne une année, était, par le règlement de l'année suivante, rangée parmi les provinces consulaires. C. Marcellus, par exemple, qui siégeait dans la commission des concussions lors de l'affaire de Verrès, avait gouverné en qualité de proconsul la Sicile où Verrès n'avait exercé que la préture : la Sardaigne, ordinairement prétorienne, devint consulaire quand on la donna à Mummius (1). La distinction des provinces consulaires et des provinces prétoriennes était donc, sous la République, plutôt personnelle que réelle (2). De même, les frontières de chaque province étaient fixées par le Sénat après le départ de chaque gouverneur, et elles n'eurent

(1) Mummio Sardinia evenit ; sed ea, propter belli magnitudinem, provincia consularis facta. (Tite-Live, x 41, 8).

(2) Person, *Essai sur l'administration des provinces romaines sous la République*; nous avons largement profité de cet excellent ouvrage.

jamais, pendant la période républicaine, la stabilité qu'elles acquirent plus tard : on vit à maintes reprises deux provinces réunies en une seule, ou une seule province partagée en deux. Par conséquent, il est impossible de dresser une carte des provinces sous la République ; la délimitation qui se rapporterait à une année ne serait plus exacte à une autre date.

Il n'est pas facile non plus de déterminer sûrement à quel moment la conquête, l'occupation militaire faisaient place à l'administration, et tous les territoires provinciaux ont subi de nombreuses vicissitudes, ont été l'objet de commandements purement personnels, avant de recevoir leur formule définitive par la *lex provinciæ* : on appelait ainsi un sénatus-consulte qui donnait à un territoire vaincu une organisation par laquelle il était divisé en un certain nombre de *civitates*. Chacune de celles-ci avait sa condition propre qui la faisait rentrer dans une des catégories que nous avons étudiées dans le chapitre des non-citoyens, et suivant laquelle variaient les charges qu'elle devait subir. Une commission de sénateurs, ordinairement composée de dix membres (legati), était envoyée pour mettre à exécution le sénatus-consulte (in provinciæ formam redigere), de concert avec le général vainqueur qui recevait la *deditio* du peuple soumis. La Sicile est le premier territoire qui ait constitué une province réelle, dans le sens que l'on attache ordinairement à ce mot. Postérieurement à l'organisation de la Sicile, les provinces gardèrent jusqu'au temps de l'empire dans l'instabilité de leurs limites et de leur organisation, des traces de l'acception primitive du mot qui ne signifia d'abord, comme nous l'avons montré, qu'une délégation, un commandement personnel ayant pour objet la surveillance et l'exploitation d'un territoire ; cependant la force des choses amena progressivement le Sénat à former, pour correspondre aux juridictions qu'il décernait, des groupes qui avaient au moins une certaine fixité. C'est ainsi que l'on peut dire qu'au temps de César, en dehors de l'Italie où la loi Plautia avait généralisé le droit de cité romaine, les provinces étaient réparties de la manière suivante.

Les deux provinces les plus considérables en raison de leur importance politique étaient la Sicile au sud, au nord la Gaule divisée par le cours du Pô en deux districts, la Gaule Transpadane et la Gaule Cispadane, placés l'un et l'autre sous le gouvernement d'un seul proconsul. Les troupes dont disposait le gouverneur des deux districts formant la Gaule Cisalpine, si elles étaient nécessaires pour maintenir dans l'obéissance une population indocile, constituaient en même temps, par leur voisinage de la métropole, une menace pour les libertés publiques. La Sardaigne et la Corse formaient une province d'où l'Italie tirait des blés : mais imparfaitement cultivées et peu civilisées, ces deux îles étaient plus arriérées et moins peuplées que des territoires beaucoup plus éloignés. L'Espagne, sur le sol de laquelle les Romains s'établirent dans la seconde moitié du IIIe siècle avant notre ère, constitua en 197 deux provinces, l'Espagne citérieure et l'Espagne ultérieure. Pendant longtemps, les relations de Rome avec ses territoires Ibériens eurent lieu principalement par mer, le vaste espace compris entre les Alpes et les Pyrénées étant occupé par des républiques indépendantes; ainsi en 125 avant notre ère elle est encore en guerre avec les Transalpins de la vallée du Rhône, les Salyens ou Salluviens (Ain), les Voconces (Drôme et Vaucluse), les Celtes du val d'Isara, les Allobroges, la puissante tribu des Arvernes. Mais les campagnes de Flaccus, de Domitius, de Fabius, et des négociations poursuivies avec les principales cités gauloises, ont pour résultat la formation d'un nouveau gouvernement, la Province, ou Gaule Transalpine, ou Narbonnaise. Les Allobroges, les Arvernes surtout, qui avaient essuyé de sanglantes défaites, subissaient les conditions du vainqueur et étaient plus ou moins assujettis; les Edues (entre Saône-et-Loire) entraient dans dans l'alliance ou la clientèle de Rome; les Volsces Tectosages, avec leur capitale Tolosa, contractaient un *fœdus* qui les assimilait aux cités fédérées. La riche république Ionienne de Massilie gardait son indépendance au milieu des territoires soumis ; on lui avait laissé les stations maritimes qu'elle avait fondées à Nice, Antipolis, Agathé, et elle recevait en outre le long de la mer une bande de territoire d'une largeur moyenne de quatre kilomètres, à charge d'y construire une route qu'elle devait entretenir. Les communications par terre étaient ainsi assurées entre l'Italie et l'Espagne. Narbo était la résidence du gouverneur de la nouvelle province à laquelle on rattacha, jusqu'à la mort de César, les conquêtes qu'il fit en Gaule quand il cessa de les occuper militairement; plus tard, on fit de ces conquêtes deux autres provinces, la Gaule Lyonnaise et la Gaule Belgique. De l'autre côté de l'Adriatique, nous trouvons les provinces d'Illyrie et de Macédoine : c'est du grand gouvernement de la Macédoine que relève toute la Grèce (1). La Crète qui, avec la Cilicie, était le principal centre de la piraterie, soumise, après deux ans de lutte, par le proconsul Q. Metellus, forme à elle seule une province. L'Asie compte quatre provinces : l'Asie proprement dite, la Bithynie avec le Pont, la Cilicie avec Chypre, la Syrie depuis le Taurus jusqu'à l'Egypte.

(1) Nous voyons dans le discours *de provinciis consularibus* que les Achéens payaient des *sommes immenses* (ingentem pecuniam) à L. Pison, gouverneur de la Macédoine. (Cic., *de Prov. cons.*, III.)

Enfin l'Afrique forme deux provinces, Cyrène et l'Afrique Carthaginoise.

§ 4. — Des pouvoirs du gouverneur : pouvoirs militaires, juridiction.

Que le gouverneur d'une province fût proconsul ou qu'il fût propréteur, ses pouvoirs étaient les mêmes ; cependant le proconsul était supérieur en dignité au propréteur, et l'un et l'autre n'ayant qu'un *imperium* limité à telle ou telle circonscription provinciale, passsaient après les magistrats proprement dits. Le proconsul avait douze licteurs, tandis que le propréteur n'en avait que six, et généralement il avait sous ses ordres des forces militaires plus importantes ; mais le propréteur pouvait obtenir exceptionnellement l'*imperium* proconsulaire qui, en Espagne par exemple, était conféré aux gouverneurs, qu'ils fûssent préteurs ou propréteurs. La durée du mandat est annuelle, mais il peut être prorogé. Le gouverneur exerce son pouvoir jusqu'à l'arrivée de son successeur, ou les délègue, en attendant celui-ci, soit à son questeur, soit à un de ses *legati*. La loi Cornelia lui ordonne de partir dans les trente jours qui suivent l'arrivée de son successeur. Une loi Julia, de Jules César, défend de garder plus d'un an les provinces prétoriennes, plus de deux ans les provinces consulaires (1).

Antérieurement, il n'était pas rare de voir un magistrat occuper une province pendant trois ans, cinq ans, ou plus longtemps encore, et sous le gouvernement des empereurs, on en revint à l'usage de maintenir les mêmes hommes dans des fonctions qu'une longue expérience leur permettait de remplir plus utilement pour leurs administrés comme pour l'État, quoi qu'en disent Cicéron et le parti aristocratique dont Tacite semble épouser les griefs contre Tibère dans cette question (2). L'imperium du proconsul et du propréteur était limité à la province dont ils prenaient le gouvernement : en rentrant à Rome, ils le déposaient (3).

Dans les limites de leur gouvernement, les proconsuls et les propréteurs ont, relativement à leurs administrés non-citoyens, un pouvoir

(1) Quæ lex melior, utilior, optima etiam republica sæpius flagitata, quam ne prætoriæ provinciæ plus quam annum, neve plus quam biennium consulares obtinerentur? (Cic., *Philipp.*, I, VIII.)

(2) Id quoque morum Tiberii fuit continuare imperia ac plerosque ad finem vitæ in iisdem exercitibus aut juris dictionibus habere. Causæ variæ traduntur : alii tædio novæ curæ semel placita pro æternis servavisse, quidam invidia, ne plures fruerentur, etc., etc. (*Ann.*, I, 80). Voir la 7e partie, tome III de notre ouvrage.

(3) Proconsul portam Romæ ingressus, deponit imperium. (*Dig.*, I, 16, I).

absolu, analogue à celui dont jouissaient les consuls des premiers temps de la République, avant que le Consulat eût été affaibli par les *Leges de provocatione* et par la création des magistratures qui, nées de son démembrement, participaient à l'*imperium*. Toutes les troupes de la province sont sous le commandement du gouverneur, qui peut recruter non-seulement les provinciaux, mais encore les citoyens romains, et lever toutes les réquisitions nécessaires à leur entretien. Nous voyons, par exemple, Cicéron campé près de Cybistra, où il se met en mesure de faire face à l'éventualité inquiétante d'une attaque des Parthes, lever les citoyens romains de la province et assurer ses approvisionnements (1). Relativement à la juridiction civile et criminelle, il a sur tous les provinciaux non-citoyens le *Jus vitae necisque sine provocatione*. Comme à Rome, il se contente d'organiser l'instance, de donner la formule de droit selon laquelle le procès doit être jugé, et pour l'audition des témoins et le prononcé de la sentence, il renvoie les parties devant des *Judices selecti, in album relati,* pris sur une liste arrêtée ou tout au moins approuvée par lui et qui sont choisis parmi les citoyens romains qui résident

(1) Delectus habetur civum Romanorum, frumentum ex agris in loca tuta comportatur. (Cic., *ad Att.*, v, 18).

dans la province ou les habitants les plus notables. Il est tenu de se conformer aux dispositions juridiques de l'édit que lui-même publiait, comme tous les magistrats de Rome, et dans lequel il indiquait, au point de vue de l'administration et de la juridiction, les règles qu'il comptait suivre, soit en se référant aux maximes générales de l'administration romaine et aux traditions établies par ses prédécesseurs, soit en apportant les modifications ou les additions que lui suggérait sa prudence personnelle. Cicéron, par exemple, avait rédigé à Rome même son édit; mais, en passant par Samos, il y avait ajouté quelques articles, empruntés, sur la demande des publicains, à l'édit de son prédécesseur. Il nous apprend lui-même qu'il s'était contenté de reproduire l'édit de Bibulus, en changeant seulement quelques termes, pour ménager la susceptibilité des chevaliers, tout en laissant subsister le fond des articles mêmes dont il modifiait la rédaction, et qu'il avait conservé également plusieurs articles de Scævola, dont l'édit pour la province d'Asie, était resté un des modèles du genre (1).

(1) Cic., *ad Att.*, vi, 1. Cicéron résume ainsi son édit, dans lequel, nous dit-il, il avait tout réduit sous deux chefs : Unum est provinciale (c'est-à-dire traite des affaires qui sont proprement de la juridiction des gouverneurs), in quo est de rationibus civitatum, de ære alieno, de usura, de syngraphis (obligations écrites de la

Le gouverneur doit aussi tenir compte des lois romaines et des sénatus-consultes relatifs au droit civil dans les provinces : c'est ainsi que Cicéron mentionne une loi Gabinia qui interdisait aux provinciaux d'emprunter à Rome pour payer leurs impositions (1) et plusieurs sénatus-consultes qu'il invoque, en même temps que son propre édit, pour motiver son refus de soutenir contre les Salaminiens les prétentions exorbitantes de Scaptius, le prête-nom de Brutus. Enfin, il doit se conformer au droit national des provinciaux, dans tous les cas où il ne se trouve pas en opposition avec les sources précédentes, et à la *lex provinciæ*, qui laissait aux villes dites

main des parties contractantes pour constater un engagement, signées et gardées par l'une et par l'autre); in eodem omnia de publicanis; alterum, quod sine edicto satis commode transigi non potest, de hereditatum possessionibus, de bonis possidendis, magistris faciendis, vendendis (quand un débiteur ne répondait pas à une sommation, les créanciers obtenaient du préteur qu'on les mît en possession de ses biens et choisissaient l'un d'entre eux qui était chargé de la vente et de la répartition des dividendes : il avait le titre de *magister* s. e. *auctionis*), quæ ex edicto et postulari et fieri solent. Pour tout le reste, Cicéron se contentait de déclarer qu'il jugerait conformément aux édits des préteurs.

(1) Cette prohibition avait pour but d'empêcher que les espèces monnayées ne sortissent de Rome pour aller en province : car les hommes d'Etat Romains considéraient à tort l'or et l'argent comme la véritable richesse.

libres ou fédérées (1), le privilège de rendre la justice selon leurs propres lois. La même faveur pouvait être accordée à d'autres cités, et Mucius Scævola, par exemple, la donna aux Grecs d'Asie ; mais, dans le cas où il n'y avait qu'une concession faite par un gouverneur, elle était révocable et ne subsistait qu'à condition d'être renouvelée par chacun de ses successeurs. En Sicile, en Asie, en Grèce, dans toutes les contrées habitées primitivement ou colonisées par la race hellénique, les Romains aimaient à simplifier la tâche des gouverneurs en se reposant sur les lois et les constitutions particulières des cités : c'est ainsi que nous trouvons encore, sous le règne de Tibère, des jugements rendus par l'antique aréopage d'Athènes, qui condamnait comme faussaire, malgré la protection de Pison, un certain Théophile (2). Quant aux citoyens Romains, ils pouvaient obtenir des gouverneurs la faculté de s'adresser à la justice locale pour vider leurs différends avec les habitants ; mais ils avaient toujours le droit soit de recourir aux tribunaux ordinaires de Rome, soit de se faire rendre justice sur place, selon les lois romaines. Pour la justice criminelle, les gouverneurs pouvaient seulement empêcher un citoyen Romain

(1) Civitates liberæ, fœderatæ : Voir dans le même tome le chap. des non-citoyens.

(2) Tacite; annales, II, 55.

de troubler l'ordre dans le pays soumis à leur juridiction, mais les tribunaux de Rome étaient seuls compétents pour le juger et le condamner : c'est ainsi que nous voyons Saint-Paul arrêté et maltraité par les Juifs fanatiques qui le dénoncent au gouverneur de la province comme fauteur de sédition, se proclamer citoyen de Rome et en appeler à César devant le magistrat romain ; par suite, celui-ci le fait conduire prisonnier au tribunal impérial, et Pline, dans son gouvernement, observe la même procédure envers les chrétiens qui se réclament du droit de cité. Tel avait été aussi le cas d'Oppius, questeur de Cotta, proconsul de Bithynie, qui le renvoya à Rome pour y être jugé par la commission compétente devant laquelle il fut défendu par Cicéron.

Les nécessités de l'administration et de la juridiction civile et criminelle obligeaient les gouverneurs et leurs agents à parcourir leurs provinces : ils se rendaient ou envoyaient leurs délégués dans les villes où se tenaient, à des époques déterminées, qu'ils fixaient par leur édit ou qu'ils annonçaient ultérieurement, des espèces d'assises (conventus), pour lesquelles ils donnaient rendez-vous aux intéressés, citoyens ou provinciaux. « Quand la campagne a été finie, « écrit Cicéron à Atticus, de son gouvernement « de Cilicie, j'ai laissé à mon frère le soin de « mettre mon armée en quartiers d'hiver, et « comme de tous mes officiers il n'y en a point

« qui soit plus sûr et d'un désintéressement aussi « parfait que Volusius, gendre de votre ami « Tibérius, je l'ai envoyé pour quelques jours « dans l'île de Chypre. Quoique les citoyens « romains qui y trafiquent soient en petit « nombre, il ne faut pas qu'ils puissent se « plaindre de n'avoir eu personne pour juger « leurs affaires : ils ont le droit de ne pas sortir « de leur île (1). » L'usage avait, en effet, établi dans chaque province, au point de vue judiciaire, un certain nombre de districts, avec des centres officiels où le gouverneur ne pouvait pas se dispenser, soit de se rendre en personne, soit de se faire représenter, afin de mettre la justice à la portée de ses administrés.

§ 5. — Des questeurs provinciaux.

Pour l'aider à remplir ses fonctions compliquées qui comprenaient, outre les affaires militaires et la juridiction dont nous venons de parler, la perception des charges ordinaires et extraordinaires imposées aux provinciaux, ce qui en formait la partie la plus lourde, comme nous le verrons bientôt, le magistrat *cum imperio* gouvernant une province avait à sa disposition un personnel nombreux dont nous devons indiquer la composition. Nous nommerons d'abord

(1) Cic., *ad Att.*, v, 21.

le questeur : celui-ci n'était pas un simple délégué du proconsul ou du propréteur auquel il était attaché ; il tenait ses pouvoirs du peuple, par lequel il était nommé dans les comices tributes : c'était donc un véritable magistrat. Sylla avait porté le nombre des questeurs à vingt par sa loi *Cornelia* et César l'éleva à quarante, comme nous l'avons dit en traitant de la questure (1). C'était le Sénat qui déterminait chaque année les provinces questoriennes que les questeurs se partageaient entre eux par le tirage au sort, à moins qu'un magistrat n'eût assez d'influence pour se faire attribuer *sine sorte* un questeur de son choix. En théorie, le questeur, ne tenant pas ses pouvoirs d'une simple délégation du gouverneur, était indépendant de celui-ci, bien qu'il lui fût inférieur en dignité. Ses fonctions, nettement définies, comprenaient la partie économique et financière de l'administration provinciale ; il tenait compte des sommes qu'il recevait soit des questeurs de Rome, soit des publicains quand ils versaient sur place entre ses mains. Quand il accompagnait le gouverneur dans des expéditions militaires, il avait l'intendance des vivres et des approvisionnements et la gestion de la caisse de l'armée, comme les questeurs attachés aux consuls en campagne, mais il n'avait pas le droit de discuter les réquisitions qui lui

(1) Tome I, p. 141-145.

étaient faites par le gouverneur ou en son nom : son rôle était de payer sauf à se mettre en règle avec lui et à couvrir sa propre responsabilité devant le Sénat (1). Il aidait le gouverneur dans la perception des impôts et la surveillance des publicains pour favoriser les rentrées du trésor. Il exerçait la juridiction qui à Rome compète aux édiles (2) et, comme les *legati*, il pouvait être chargé par délégation du gouverneur d'autres procès civils et d'autres fonctions. Quand celui-ci, à l'expiration de sa charge, quittait sa province avant l'arrivée de son successeur, c'était le questeur, plus souvent qu'un *legatus*, qui prenait l'intérim. Cicéron explique à Atticus que, s'il ne confie pas ce poste à son questeur L. Mescinius Rufus, c'est parce que personne ne juge qu'il en soit digne : « C'était « un homme léger, débauché et fripon (3). »

Le Sénat, quand il prorogeait les pouvoirs d'un gouverneur, prorogeait ordinairement ceux de son questeur, qui gardait auprès de lui les mêmes fonctions en qualité de proquesteur ; si le questeur ou le proquesteur venait à mourir,

(1) Polybe, VI ; Person, p. 262.

(2) Voir tome I, p. 101-102.

(3) Cic., *ad Att.*, VI, 3. Après bien des hésitations, il laissa enfin le commandement à un autre questeur, L. Cælius Caldus, qui n'arriva en Cilicie que peu de temps avant son départ. Cic., *ad Fam.*, II, 15, 19 ; Cic., *ad Att.*, VI, 2, 4, 5.

le gouverneur déléguait à sa place un de ses *legati*, qui, agréé par le Sénat, prenait le titre de *legatus pro quæstore*. Quand le gouverneur mourait dans sa province, c'était le questeur ou proquesteur qui prenait l'intérim. Enfin une loi ou un sénatus-consulte ont exceptionnellement investi un questeur du gouvernement d'une province avec les attributions et la situation hiérarchique d'un propréteur : *Quaestor propraetore* (1).

Quand ils étaient arrivés à la fin de leur gestion, le gouverneur et son questeur avaient des comptes à rendre. Les comptes de l'un et de l'autre étaient distincts (2), sans doute pour qu'il y eût un contrôle réciproque. Cependant le questeur était subordonné au proconsul ou au propréteur, et ils s'entendaient pour dresser ensemble cette comptabilité en se ménageant mutuellement. Cicéron assure à Mescinius Rufus que son secrétaire, dans ce qui regarde les comptes, n'a rien fait qui pût blesser ses intérêts

(1) Sall. Catil., XIX.

(2) Ceci est prouvé par différentes phrases des *Lettres* de Cicéron, par exemple par la phrase suivante de la lettre XX du livre V des *Lettres ad familiares*, qui roule sur ses comptes et ceux de son questeur Mescinius Rufus, auquel elle est adressée : « Sicut scribis tibi id « esse referendum, idem ipse sentio, neque in eo quid- « quam a meis rationibus discrepabunt tuæ. »

ou nuire à sa réputation (1). Or, nous avons vu quelle était au fond sa pensée sur ce personnage. L'ancien droit ordonnait seulement que le gouverneur et son questeur collationnassent leurs comptes en arrivant à Rome. Une loi proposée par César pendant son premier consulat, la loi Julia, disposa qu'ils seraient dressés en triple expédition : deux expéditions devaient être laissées dans les principales villes de la province, la troisième était remise aux bureaux de la questure, à Rome, et ensuite présentée au Sénat, qui avait seul qualité pour apurer les comptes et prononcer un jugement définitif sur la gestion. Mais ce contrôle était peu redoutable, puisque Verrès ne fut pas inquiété pour les comptes de sa questure, dont le tableau plus que sommaire ne se prêtait guère à une vérification approfondie, si l'on en juge par ce que nous dit Cicéron, qui ne s'en occupe que parce qu'il avait intérêt, pour les besoins de sa cause, à faire une enquête sur les antécédents de son adversaire. On ne se contentait pas, en général, d'un simple verdict d'apurement; on aimait à obtenir, si peu qu'on l'eût mérité, un sénatus-consulte hono-

(1) Ad ea quæ scripsisti commodius equidem possem de singulis ad te rebus scribere si M. Tullius, scriba meus, adesset ; de quo mihi exploratum est, in rationibus duntaxat referendis (de ceteris affirmare non possum) nihil eum fecisse scientem quod esset contra aut rem aut existimationem tuam. (Cic., *ad Fam.*, v, 20).

rable, que l'on pût conserver dans ses archives de famille, et on ne négligeait aucune démarche pour arriver à ce but. La correspondance de Cicéron est pleine de renseignements qui nous montrent une solidarité de bons offices établie sous ce rapport entre les membre de l'oligarchie aristocratique du dernier siècle de la République, et lui-même ne manqua pas de se recommander dans des termes pressants au consul Æmilius Paullus : « Mes actions dans la province tom-« bent sous votre consulat, lui écrit-il. Bien que « la grandeur de votre élévation et de votre « dignité, comme l'intérêt de ma réputation et « de ma gloire semblent demander que je vous « sollicite et que je vous presse, par une longue « lettre, de faire porter le sénatus-consulte sur « ma gestion dans les termes les plus hono-« rables, je n'ose pas employer les instances « dans la crainte de paraître oublier votre incli-« nation constante à me rendre service ou vous « croire capable de l'oublier vous-même.

« ... Puisque votre pouvoir et votre autorité « sont au comble et que personne n'ignore notre « étroite amitié, je vous conjure instamment de « faire en sorte que le sénatus-consulte sur ma « gestion soit conçu dans des termes aussi flat-« teurs que possible, et d'y mettre la plus grande « diligence (1). »

(1) Cic., *ad Fam.*, xv, 13.

§ 6. — Des lieutenants et du personnel d'un gouvernement provincial.

Les gouverneurs de provinces étaient aussi assistés par les lieutenants (*legati*) : ceux-ci n'étaient que leurs délégués; ils les choisissaient eux-mêmes parmi les membres de leur famille ou sur la recommandation de leurs amis, avec d'autant plus de soin qu'ils étaient seuls responsables de leurs actes. Mais le Sénat en déterminait le nombre maximum, selon l'étendue des provinces et les prévisions du service. On en accorda dix à César pour la Gaule ; Pompée en obtint quinze pour toute l'Asie; Quintus Cicéron en eut trois pour la province d'Asie, et Cicéron quatre pour la Cilicie. Leur rôle était de remplacer le proconsul ou le propréteur auquel ils étaient attachés, dans toutes les affaires dont celui-ci leur confiait la conduite. Dans les provinces pacifiées, ils étaient ordinairement distribués sur différents points du territoire, avec une résidence, un district déterminé. (1). La Judée, par exemple, forma une des lieutenances du grand gouvernement de Syrie. Au point de vue de la juridiction, le droit de délégation ne pouvait être exercé par le proconsul ou le propréteur que suivant certaines règles : les lieute-

(1) Voir Person, p. 258.

nants étaient compétents pour connaître, sur délégation, les causes de droit privé, sauf à en référer, si quelque difficulté se présentait, au gouverneur, devant lequel, d'ailleurs, on pouvait toujours en appeler de leurs décisions. Les causes de droit public ne pouvaient leur être soumises que si la loi par laquelle était instituée la *quœstio* dont elles ressortissaient mentionnait expressément la faculté de délégation. Le droit d'infliger des peines corporelles ne leur appartenait qu'en l'absence du gouverneur, par exemple quand ils prenaient l'intérim, au lieu du questeur, jusqu'à l'arrivée de son successeur.

Les lieutenants étaient souvent des personnages ayant occupé les plus hautes charges de l'État, qui acceptaient ce poste de confiance par dévouement au bien de l'État, ou aux intérêts d'un parent ou d'un ami : Scipion, le vainqueur de Zama, servit son frère en qualité de lieutenant; Caton l'Ancien, fut également lieutenant en Grèce, dans la guerre contre Antiochus, après avoir été préteur et consul; et, parmi les lieutenants de Cicéron en Cilicie, nous trouvons, avec Quintus, son frère, Pomptinus, qui avait été préteur pendant son consulat.

Le personnel attaché à un gouverneur de province comprenait encore les tribuns des légions placées sous ses ordres, et les préfets qui commandaient les auxiliaires et les corps à la suite. (Præfecti sociorum, castrorum, fabrum). L'un de ces derniers, Lepta, se trouve au nombre des correspondants de Cicéron, qui l'occupa en Cilicie et le traite sur le pied d'une intimité affectueuse ; d'autres étaient les clients de ses amis, comme ce Gavius qu'il avait pris sur la recommandation de Brutus et dont il n'eut pas à se louer. Appius, son prédécesseur en Cilicie, avait nommé préfet un spéculateur, agent de Brutus, Scaptius, et lui avait donné des compagnies de cavalerie pour se faire payer par les Salaminiens d'une dette grossie par l'usure ; d'autres spéculateurs (negociatores) sollicitèrent le même titre de Cicéron qui se fit sagement une loi de ne l'accorder à aucun d'entre eux (1).

Au-dessous des tribuns et des préfets venaient de nombreux fonctionnaires d'un rang inférieur, chargés des services subalternes qui, chez les Romains, n'ont jamais été remplis par des magistrats et étaient, le plus souvent, laissés à des affranchis. L'*accensus,* chargé de faire les citations et les convocations et de maintenir le silence en présence des magistrats, devait à ses relations fréquentes avec son supérieur une influence dont il pouvait être tenté d'abuser : Timarchide, affranchi et huissier (accensus) de Verrès, se croyait un grand personnage, et, comme les magistrats, n'écrivait pas de lettre sans joindre son titre à son nom, ce qui égaie

(1) Cic., *ad Att.*, v, 21.

Cicéron (1). Celui-ci ne manque pas de prémunir contre cette tendance son frère Quintus, qui, à ce qu'il semble, était disposé à laisser ses agents subalternes sortir de leur rôle (2). Il en était de même du secrétaire (scriba), que nous voyons aidant Cicéron à dresser son compte de gestion (3). Nommons encore les licteurs (lictores), les messagers (viatores), les crieurs ou hérauts (præcones), les greffiers (scribæ), qui se faisaient allouer par Verrès des gratifications illégales (4). L'étendue des circonscriptions provinciales et la complication de la tâche du magistrat supérieur exigeaient, en effet, un service de bureau qui occupait un personnel nombreux et exercé : les gouverneurs y faisaient entrer les plus intelligents de leurs affranchis, mais ils étaient intéressés à laisser dans leurs places les agents qui les remplissaient bien, car, si tous étaient également sous leur dépendance, comme Cicéron le rappelle à son frère, leur responsabilité était encore plus engagée relativement aux actes, aux paroles mêmes de ceux qu'ils avaient choisis personnellement. Il en était résulté que ces fonctions subalternes avaient acquis une certaine stabilité : à la fin de la République, elles étaient

(1) Cic., *in Verr.*, III, 76.
(2) Cic., *ad Quint.*, I, 1.
(3) Cic., *ad Fam.*, V, 20.
(4) Cic., *in Verr.*, III, 79.

organisées, au moins dans certaines provinces, comme à Rome, en corporations, puisque Cicéron mentionne, à propos des actes de Verrès, en Sicile, l'ordre des greffiers, dans lequel la stabilité des places est attesté par leur vénalité (1).

La multitude de places dont ils pouvaient disposer soit directement, dans les services de l'État, soit indirectement, par leur influence sur les compagnies de spéculateurs qui, opérant dans leur ressort, avaient tout intérêt à se ménager leurs bonnes grâces, permettait aux gouverneurs des provinces d'accueillir leurs amis et leurs créatures. Ils recevaient, à titre de camarades (contubernales), les fils de famille qui, récemment revêtus de la toge virile, venaient faire auprès d'eux l'apprentissage de la guerre et de l'administration. Jules César admettait et trouvait moyen d'occuper en Gaule tous les protégés que lui adressait Cicéron, même le jurisconsulte Trebatius. Entouré des Romains qui l'avaient suivi ou étaient venus le rejoindre, un gouverneur rencontrait encore, même dans les provinces les plus éloignées, des concitoyens que le mouvement croissant des affaires attirait dans tous les pays sur lesquels Rome avait mis la main. Ils étaient nombreux, puisque l'édit d'Éphèse, rendu par Mithridate, fit périr 80,000

(1) Cic., *in Verr.*, III, 79.

romains ou italiens. Trente ans après, les traces de ce massacre avaient disparu : en Asie comme en Gaule, en Afrique, en Crète, en Macédoine, les Romains domiciliés dans ces provinces fournissaient des légions entières ou de gros contingents aux armées de Pompée, d'Attius Varus, de Scipion Metellus, de D. Calvus et de César lui-même, pendant les guerres civiles. Quant à la Sicile, les Verrines nous montrent qu'elle était déjà comme un faubourg de Rome (1).

Partout où ils se trouvaient, les citoyens Romains se groupaient entre eux et se rapprochaient du gouverneur. C'était parmi eux et parmi les officiers de sa suite, formant ce qu'on appelait son conseil, qu'il prenait les juges (*judices, recuperatores*) chargés de remplir sur son renvoi les fonctions judiciaires. Son palais était un lieu de réunion où, sauf sa femme, que les règlements ne lui permettaient pas d'emmener en province, il retrouvait, jusque chez les barbares, tout ce qu'il avait laissé à Rome. Les artistes, les médecins, les grammairiens, les rhéteurs et les philosophes y apportaient les sujets de conversations qui plaisaient aux esprits cultivés : on sait que Scipion emmenait avec lui jusque sous les murs de Carthage, avec l'historien Polybe, le philosophe Panætius, qui l'accompagnait également en Egypte et en Asie. Un monument

(1) Person, p. 127-128.

funèbre trouvé aux environs de Bonn, où il avait été élevé en l'honneur du *philosophe Q. Egrilius Evarete, ami de Salvius Junianus,* qui fut consul en 175, nous offre un autre exemple de cet usage (1).

§ 7. — Des revenus de l'Etat : charges pesant sur les provinciaux

La partie la plus lourde de la tâche des gouverneurs, avons nous dit, consistait dans la perception des charges de toute sorte, ordinaires et extraordinaires, qui pesaient sur les provinciaux. Avant d'expliquer le mode de perception et le rôle que jouaient, dans cette opération, les proconsuls et les propréteurs, nous devons examiner les impôts auxquels étaient soumis les sujets de Rome et montrer comment, au point de vue fiscal, la situation des non-citoyens différait de celle des citoyens.

Tous les peuples sujets ou alliés de Rome, à quelque titre que ce fût, étaient astreints à lui fournir des contingents, qui servaient, soit à côté des légions, dans les auxiliaires et dans la cavalerie, dont le service était déjà, au temps de César, abandonné par les citoyens, qui n'y entraient plus que parmi les officiers supérieurs,

(1) Orelli, 5,600. Friedlaender, trad. Vogel, tome IV, p. 414.

soit sur la flotte, dont les soldats et les équipages se recrutaient presque exclusivement parmi les alliés. C'était le Sénat qui, chaque année, réglait la quotité des levées tant pour les légions que pour les auxiliaires, et il le faisait d'une façon fort inégale, ménageant certains peuples, tandis que d'autres étaient accablés. Les Juifs étaient seuls exempts de tout service militaire, et Josèphe (1) nous a conservé le sénatus-consulte qui consacrait cette immunité exceptionnelle, fondée sur la loi religieuse qui leur interdisait de porter les armes, voyager, chercher des vivres, pendant les jours du sabbat. Au temps de Cicéron, les proconsuls pouvaient, quand leur province était menacée, lever, sans en référer préalablement au sénat, toutes les troupes qu'ils jugeaient nécessaires et requérir les contingents des rois alliés ou clients. « J'ai engagé Déjotarus, écrit Cicéron, à venir joindre mon armée « avec toutes ses troupes ; elles sont composées « de trente cohortes, chacune de quatre cents « hommes équipés à la Romaine, et de deux « mille chevaux. Avec ce secours, on pourra « arrêter les ennemis jusqu'à l'arrivée de Pompée, qui me mande qu'on lui destine cette « guerre. Les Parthes hivernent sur le territoire « de notre province : on attend Orodès en per-

(1) XIV, 7.

« sonne » (2). Les sujets et alliés de Rome avaient à leur charge l'entretien et la solde de leurs contingents. Les villes maritimes fournissaient aussi des vaisseaux. Enfin Rome exigeait, en nature ou en argent, toutes les réquisitions nécessaires au service de ses armées, indépendamment des contributions ordinaires : chevaux, éléphants, bestiaux, avec des hommes pour les conduire, blé et autres denrées ou fournitures quelconques, tout était à sa disposition, sans autres limites que celles de ses besoins militaires. C'est ainsi que les grandes expéditions, comme celles de Sylla, de Lucullus, de Pompée, de César, loin d'appauvrir l'Etat, apportaient au trésor des sommes dont nous trouvons les chiffres dans Tite-Live. Mais la guerre pesait, au contraire, lourdement sur les provinciaux, et le fardeau devint insupportable pendant le dernier siècle de la République, alors que chaque gouverneur leva, pour le parti où il servait dans la guerre civile, des hommes, des vaisseaux, des contributions : Asinius Pollion en Espagne, Flaccus et Lépide dans la Transalpine, Antoine en deça des Alpes, recrutaient de véritables armées, pendant que Brutus et Cassius en faisaient autant en Macédoine et en Asie, où

(2) Cic., *ad Att.*, VI, 1. L'invasion que redoutait Cicéron ne se produisit pas.

Dolabella faisait concurrence à Brutus aux dépens des Asiatiques (3).

Ainsi les besoins de Rome et même, pendant les guerres civiles, les besoins des partis qui déchiraient un gouvernement tombant en ruines, étaient, quant aux réquisitions militaires, la seule règle qu'on observât envers les provinciaux. Mais le droit de réquisitions ne se bornait pas à ce qu'exigeaient la défense de Rome et les intérêts des factions qui s'y disputaient le pouvoir : les provinciaux devaient encore pourvoir aux plaisirs du peuple romain. C'étaient eux qui fournissaient les animaux destinés aux combats du cirque, et nous voyons Caelius demander à Cicéron, proconsul en Cilicie, de faire organiser par les montagnards du Taurus des battues à la panthère en vue de son édilité : il comptait si bien sur la bonne volonté de son ami qu'il lui envoyait un affranchi pour prendre livraison, et le refus qu'il rencontra dût l'étonner beaucoup. Le frère de Cicéron ayant, par son édit, pendant qu'il gouvernait l'Asie, prohibé ces chasses imposées à ses administrés, un grand personnage déclara publiquement que, par cette mesure, il lui faisait tort de deux cent mille sesterces, preuve que la fourniture des animaux féroces était un véritable impôt, aussi désagréable qu'onéreux. On peut ranger encore

(3) Person, chap. IV, 551.

parmi les réquisitions et les charges extraordinaires imposées aux provinciaux, les dépenses résultant des honneurs que se faisaient décerner par eux les magistrats qui les avaient gouvernés. La loi, en effet, autorisait les levées d'argent sur les provinces pour bâtir des temples ou célébrer des jeux promis par un proconsul à l'occasion d'une victoire et pour élever un monument en son honneur. Marcellus avait mérité et obtenu cette distinction en Sicile ; Appius, l'indigne prédécesseur de Cicéron en Cilicie, et Verrès lui-même n'en furent pas privés : on voyait dans le Sénat de Syracuse les statues dorées de celui-ci et de son fils, et, comme Marcellus, il avait son jour de fête (1). Les députations que les villes de province envoyaient à Rome pour témoigner devant le Sénat en faveur de leurs gouverneurs étaient une autre source de dépenses pour elles, puisqu'elles devaient les défrayer, et Sylla avait même fixé par une loi Cornelia le nombre des députés et le chiffre de la somme qui leur était allouée.

Les charges ordinaires, qui constituaient les revenus normaux et réguliers de l'ærarium, étaient fixées par le Sénat et variaient d'une cité à une autre. Généralement les Romains se substituaient aux gouvernements qu'ils avaient vaincus, laissant subsister les impôts déjà éta-

(1) Cic., *in Verr.*, 62, 67.

blis, non-seulement au point de vue de la quantité, qu'ils diminuèrent même plus d'une fois, en Macédoine, par exemple, où Paul Emile annonça aux habitants que Rome ne leur demanderait que la moitié des contributions qu'ils payaient à leurs rois, mais encore au point de vue de la forme à laquelle leurs nouveaux sujets étaient habitués. Ainsi, en Sicile et en Sardaigne, les Romains conservèrent la dîme que les Siciliens et les Sardes servaient, depuis un temps immémorial, soit à leurs rois particuliers, soit aux Carthaginois, leurs derniers maîtres ; ils ne changèrent même ni les époques, ni les lieux d'adjudication. La dîme consistait à prélever en nature sur les produits du sol, tels que les blés, les vins, les huiles, les menues graines, les fruits, le dixième du revenu. Une fois la première dîme prélevée, la loi *Terentia et Cassia frumentaria* en autorisait une seconde qui devait être prescrite par un sénatus-consulte, mais moyennant une indemnité qui, au temps de César et de Cicéron, était de trois sesterces par modius payés au producteur : ce second impôt, qui constituait une vente forcée à un tarif imposé, était ce qu'on appelait *frumentum emptum*. A ces deux dîmes, établies de telle sorte que la quantité de la seconde se réglait sur celle de la première, on ajoutait, quand les approvisionnements de Rome l'exigeaient, le *frumentum imperatum :* le *praefectus annonæ*, chef de l'administration de laquelle ressortissaient toutes les questions relatives à l'approvisionnement et à la consommation de Rome, se faisait livrer par les Siciliens 800,000 *modii*, répartis proportionnellement sur toutes les cités, au prix de quatre sesterces par *modius*. Enfin, à la dîme, au *frumentum emptum* et au *frumentum imperatum*, levés au profit de l'État, il faut ajouter le *frumentum aestimatum* et le *frumentum honorarium*, levés *in cellam*, c'est-à-dire pour la subsistance du gouverneur et de sa suite : il y avait là, comme nous le verrons, une charge onéreuse pour les provinciaux et un profit considérable pour les magistrats romains, en dépit des règlements qui intervinrent sur cette matière.

La première et la seconde dime, telles que nous les voyons perçues en Sicile conformément à l'ancienne loi du pays, que l'on appelait loi d'Hiéron, et à la *lex provinciae*, donnée par le Sénat romain, n'apportaient à Rome qu'un revenu qui variait d'une année à l'autre, suivant les récoltes et l'état de l'agriculture. En Espagne et dans presque toute l'Afrique carthaginoise, les provinciaux devaient également l'impôt en nature, mais ils servaient à leurs risques et périls une quantité fixe, quelle que fût la récolte : c'est ce que Cicéro appelle *vertigal certum stipendiarum*. En Asie, le Sénat établit le système des cotes fixes par ville, lorsqu'il forma en province les états d'Attale III ; mais dans cette partie de l'empire romain qui, depuis C. Gracchus, fut toujours une des plus imposées, le régime de l'impôt subit de fréquentes vicissitudes dont il serait trop long de suivre l'histoire.

Tous ces impôts, qui ne sont que l'impôt en nature proprement dit ou l'impôt en nature transformé, rentrent dans le genre que les Romains appellent *vectigal*, terme général que Varron rattache par l'étymologie à *vehere*, parce que, dit-il, l'obligation de transporter les denrées à un lieu fixé par le gouvernement était toujours liée à cette sorte d'imposition. On rangeait dans le même genre d'autres contributions, dont le groupement sous ce chef s'explique par des analogies assez arbitraires. Outre l'idée de transport signalée par Varron, les Romains semblent avoir considéré dans le *vectigal* le caractère de revenu aléatoire, sujet à varier : c'est en vertu de cette considération que le *portorium* est rangé dans ce genre, dont il peut encore être rapproché parce qu'on y retrouve l'idée de transport. Les *portoria* correspondent, en effet, à nos douanes, à nos droits d'octroi et de circulation, et consistent en un impôt sur les marchandises entrant ou sortant, perçu dans les cités et les ports qui n'en étaient pas exempts par une immunité spéciale. Le *vectigal certum*, c'est-à-dire l'impôt en nature fixe et non plus proportionnel à la récolte, se range naturellement dans le *vectigal* en vertu de la caractéristique donnée par Varron ; l'impôt en nature transformé (pecunia vectigalis), consistant en une somme fixe, ne s'y rapporte que par son origine, les espèces ainsi versées par le contribuable étant censées représenter une part des produits de son sol. Les *scripturae* et les revenus fournis par les terres du domaine public ne peuvent avoir été rattachés au vectigal qu'en raison du caractère variable de l'apport qu'ils versaient dans le trésor.

On appelait *scripturae* les droits payés par les particuliers qui envoyaient leurs troupeaux paître dans les pâturages du domaine public; ces droits étant proportionnels, ils devaient déclarer le nombre de têtes des troupeaux, et des publicains chargés de la perception *enregistraient* ces déclarations : de là le nom de *scriptura*. Une partie de l'*ager publicus* rentrait dans le domaine privé par l'effet des assignations, par exemple au profit des colons que l'on établissait sur un territoire conquis. Le revenu des terres assignées aux colons et que l'on appelait *agri vectigales* leur appartenait intégralement; mais ils devaient à l'état romain une redevance fixée au moment de la concession. D'autres parties de l'*ager publicus* (terres, mines, salines, forêts, pâturages), restaient dans le domaine public et étaient concédées temporairement à des particuliers ou à des compagnies, sous la forme de fermes avec baux, qui remplacèrent peu à peu l'ancien système des *occupations* ou concessions à titre précaire, avec droit de retrait arbitraire réservé à l'État. Les opérations auxquelles donnait lieu l'*ager publicus*, enrichissaient les spéculateurs qu'elles attiraient en foule dans les provinces et formaient le revenu le plus considérable du Trésor. Cicéron, dans son second discours contre Rullus, rappelle au peuple que le domaine public en Campanie est une ressource qu'il serait imprudent d'aliéner, parce qu'elle est à l'abri de toute mauvaise chance, tandis que les tempêtes et la guerre peuvent priver l'état de revenus fondés sur des propriétés lointaines : pendant la guerre sociale, dit-il, les seuls revenus du domaine en Campanie ont nourri de grandes armées (1).

Le *tributum,* qui forme le second genre dans la classification des revenus de l'État romain,

(1) Quod si posset ager iste ad vos pervenire, nonne eum tamen in patrimonio vestro remanere malletis? Unumne fundum pulcherrimum populi Romani, caput vestræ pecuniæ, pacis ornamentum, subsidium belli, fundamentum vectigalium, horreum legionum, solatium annonæ, disperire patiemini? An obliti estis, Italico bello, amissis ceteris vectigalibus, quantos agri campani fructibus exercitus alueritis? An ignoratis cetera illa magnifica populi romani vectigalia, perlevi sæpe momento fortunæ, inclinatione temporis pendere? Quid nos Asiæ portus, quid Syriæ rura, quid omnia transmarina vectigalia juvabunt, tenuissima suspicione prædonum aut hostium injecta? (Cic., *de Leg., agr.*, II, 29.)

comprend le *tributum in capita,* qui dépend du nombre des individus composant chaque famille, et le *tributum ex censu,* proportionnel au cens. Il avait pour base la tribu, et le Sénat le prélevait sur les citoyens romains quand les besoins de l'État l'exigeaient. Il se payait en argent et avait primitivement pour objet essentiel de fournir à la République les moyens de subvenir à la solde et à l'entretien des légions. Par suite, l'expression de *stipendium* fut employée comme synonyme de *tributum.* Le *tributum,* c'est-à-dire l'impôt, ayant sa base dans l'organisation des tribus cessa d'ailleurs, comme nous le verrons, d'être exigé des citoyens romains : dès lors, on s'explique que, pour désigner un impôt fixe en espèces, destiné principalement à l'entretien des armées et pesant sur les non-citoyens, qui n'étaient pas organisés en tribus, le terme *stipendium* se soit introduit dans l'usage à côté du terme *tributum,* qui se maintint cependant à cause de la synonymie établie primitivement entre l'un et l'autre. Les Romains appellent donc *stipendiariae* les cités qui sont assujetties à des contributions dont la somme est indépendante des variations que subit la production de leur sol, par opposition aux *civitates vectigales,* c'est-à-dire qui paient, soit en nature, soit en espèces représentant l'impôt en nature, des contributions variables comme leurs ressources.

Parfois on accordait aux cités qui étaient dans

la condition fiscale des *stipendiariæ* l'avantage de passer dans celle des *vectigales,* qui était regardée comme plus favorable et au-dessus de laquelle il n'y avait que celle des cités franches (*immunes*), qui ne payaient ni l'une ni l'autre des deux formes de l'impôt, mais n'étaient pas à l'abri des réquisitions.

Le *tributum* d'un côté, de l'autre le *vectigal* constituent, comme nous l'avons dit, les deux grands genres auxquels se rattachent toutes les espèces de l'impôt romain, dont la classification ne repose pas sur le même principe que celle de l'impôt français, à laquelle on s'est souvent efforcé à tort de la ramener. En effet, chez nous on distingue deux sortes d'impôt : l'impôt direct, perçu d'après des rôles dressés d'avance et qui est réclamé directement à la personne du débiteur que l'Etat s'est donné ; l'impôt indirect, qui est demandé non plus à la personne, mais à la chose, et qui est perçu à l'occasion d'un fait, sans qu'on ait à rechercher de qui ce fait provient. Quand on peut dresser d'avance des rôles où sont inscrits les noms des contribuables avec la somme dont chacun est redevable, il y a impôt direct; sinon l'impôt est indirect. Chez les Romains, le *tributum* correspond à ce que nous appelons la contribution foncière et personnelle, les *vectigalia* comprennent tous les autres revenus de l'Etat ; les uns rentrant dans ce que nous appelons les taxes indirectes, comme les *portoria,* les autres se rapportant à l'impôt direct, comme les revenus du domaine public. On rangeait même dans le *vectigal* certaines redevances qui n'étaient que la rétribution des services rendus aux particuliers par l'Etat ou par les villes, par exemple le prix que l'on payait pour avoir le droit d'amener sur sa propriété l'eau des aqueducs (1). On peut donc dire que, si le principe sur lequel repose notre classification des impôts n'est pas à l'abri de la critique, cette classification, quelque artificielle qu'elle soit, est cependant mieux déterminée que celle des Romains, chez lesquels la confusion entre les deux genres principaux est fréquente, sans doute parce que, dans un grand nombre de cas, le *vectigal* se dépouille de son caractère primitif et principal d'impôt en nature, d'un produit variable; aussi trouvons-nous souvent chez les écrivains le terme *vectigal* employé pour désigner, d'une façon générale, tous les revenus de l'Etat; Suétone, par exemple, se sert tour à tour indifféremment du mot *tributum* et du mot *vectigal*, dans la même phrase, en parlant de toute espèce de contributions : « Vectigalia nova atque inaudita « primum per publicanos, deinde, quia lucrum « exuberabat, per centuriones tribunosque præ-

(1) Consulter sur l'impôt, Baudrillart, *Manuel d'Economie politique*, et surtout la savante thèse de M. R. Cagnat : *le portorium chez les Romains*.

« torianos exercuit (Caligula), nullo rerum aut « hominum genere omisso cui non tributi ali- « quid imponeret. » (1).

Outre les impôts extraordinaires ou réquisitions, les impôts destinés au gouverneur et à sa suite et les impôts ordinaires dûs à l'État (2), les villes de province avaient encore à supporter leurs dépenses communales, et si elles n'avaient pas de propriétés, elles ne pouvaient alimenter leurs budgets municipaux qu'au moyen de taxes particulières, qui s'ajoutaient à celles dont nous venons de donner une idée. Enfin, les frais du culte, la construction et l'entretien des monuments publics, des ports, des égoûts, des aqueducs, des routes, qui prirent sous l'empire un immense développement, soit que ces dépenses fissent partie des charges imposées par Rome, soit qu'elles fûssent attribuées au budget communal, pesaient encore sur les provinciaux.

§ 8. — Des revenus de l'État : charges pesant sur les citoyens romains

Depuis la conquête de la Macédoine par Paul Emile, l'an de Rome 584, les citoyens romains

(1) Suét., *Calig.*, 52.

(2) Il faut joindre à ceux que nous avons nommés, l'impôt sur les portes (ostiarium), mentionné par Cicéron dans une lettre au proconsul Appius qui l'avait précédé en Cilicie, et l'impôt sur les colonnes dont il parle à Atticus (XIII, 6.)

ne payèrent plus le *tributum*; en 694, la loi de Metellus Nepos abolit les douanes en Italie; mais Jules César les rétablit sur les marchandises étrangères. Une loi agraire, dont la date probable est l'an de Rome 643, ordonne la suppression du *vectigal* pour l'*ager publicus* en Italie (1),

(1) La même loi ordonnait la vente de l'*ager publicus* en Afrique et en même temps confirmait dans la possession d'une partie de cet *ager publicus* d'Afrique les possesseurs qui en jouissaient et les princes Numides, fils du roi Masinissa. Ces ventes du domaine public, en Afrique, avaient pour objet de compenser la diminution de revenus que faisait subir au trésor la suppression du *vectigal* produit par l'*ager publicus* situé en Italie. Toutes ces mesures sont favorables au parti aristocratique : or nous connaissons dans le collège tribunicien de l'an 643, outre Memmius, qui appartient à la faction démocratique, Baebius qui est dévoué aux intérêts de l'aristocratie; on peut donc lui attribuer, avec vraisemblance, l'initiative de la loi en question. C'est à tort que beaucoup d'historiens attribuent la suppression du *vectigal,* en Italie, à une loi Thoria, de l'an 635, en se fondant sur un texte de Cicéron (*Brutus*, XXXVI) : « Sp. Thorius « satis valuit in populari genere dicendi, is qui agrum « publicum vitiosa et inutili lege vectigali levavit. » M. Leclerc traduit : « Sp. Thorius fut un orateur popu- « laire assez en crédit. C'est lui qui, par une loi aussi « mauvaise qu'inutile, déchargea d'impôts les terres « publiques. » Mais la loi Thoria nous est connue à la fois par les monuments épigraphiques qui ont été étudiés par M. Mommsen et par le récit d'Appien (B. C., 1, 27); or nous apprenons ainsi qu'elle est une loi de réaction contre les Gracques : elle annule la loi Sempronia *de agris dividendis*, supprime les triumvirs *agris dandis*

c'est-à-dire que dès lors les colons concessionnaires du domaine public dans cette région sont affranchis des redevances. Pendant les deux derniers siècles de la République, l'État aliéna son domaine en Italie ; cette aliénation fut complétée par une loi de César pendant son consulat : « Après la distribution des terres de la « Campanie et l'abolition des douanes, écrit « Cicéron, quel revenu reste-t-il en Italie à la « République, excepté le vingtième sur la vente « et l'affranchissement des esclaves ? » (Ad Att. II, 16). A partir de cette époque, le citoyen romain ne supporte plus aucune charge pour ses biens fonciers en Italie, où toutes les terres ont pris le caractère de l'*ager privatus* et comportent la propriété Quiritaire. S'il a des propriétés sises dans l'*ager provincialis*, soit en qualité de colon ayant eu sa part dans une assignation, soit

assignandis judicandis, interdit les assignations et ordonne que la jouissance soit laissée aux possesseurs. Comment s'expliquer que Cicéron, toujours hostile à l'œuvre des Gracques, ait condamné, dans le texte que nous venons de citer, une mesure évidemment conforme à ses idées politiques? C'est que ce texte, loin de condamner Sp. Thorius, lui est au contraire favorable, selon l'interprétation proposée par M. Mommsen : *levavit* a pour complément indirect *vitiosa* et *inutili lege; vectigali* est un ablatif instrumental, et il faut entendre : « Sp. Thorius.... qui délivra le domaine public d'une loi « vicieuse et inutile (la loi *Sempronia* que Cicéron devait « en effet juger ainsi), en le soumettantau *vectigal.* »

pour les avoir acquises d'un colon par voie d'achat ou de succession, en droit, il n'en est qu'usufruitier : il peut les vendre ou les transmettre, mais il doit un *vectigal*, qui, il est vrai, ne semble pas avoir été réellement perçu. Telle est sa situation, s'il réside en Italie. S'il réside en province, ailleurs que dans une civitas ayant obtenu le privilège de l'immunité et, vu cette qualité, conservant la propriété de son sol, il est soumis aux *vectigalia*, c'est-à-dire aux redevances qui grevaient l'*ager provincialis* , et même sous l'Empire il était assujetti aux *stipendia* ou impôts fixes (1). C'est pour remédier à cette inégalité entre les citoyens que l'Empire créa la fiction juridique appelée *jus Italicum*, qui, par un privilège que conférait l'empereur, assimilait un territoire extra-italique au territoire italique. De cette assimilation résultait la transformation de l'*ager provincialis* en *solum italicum*, avec tous les avantages qui y sont attachés : la colonie ou le municipe munis du *jus italicum* comportaient le *dominium quiritarium*, et ses habitants étaient exempts des tributs provinciaux. Suivant Zumpt, Auguste, quand il transporta en province les habitants des territoires italiques qu'il avait assignés à ses vétérans, créa, pour épargner aux premiers une diminution de leurs

(1) Voir Willems, *Droit public Romain*, p. 518.

droits, le *jus italicum*, dans lequel il ne faut voir que l'assimilation du territoire provincial au territoire italique, avec toutes les conséquences qui en découlent, et non une condition politique applicable à des individus ou à des collections d'individus, qui eût formé une situation *intermédiaire* entre la Latinité et la pérégrinité. Cette dernière opinion, émise par Sigonius et défendue par Dureau de la Malle, a été réfutée par Savigny, et la découverte des *leges Salpensana* et *Malacitana*, a complètement éclairci la question en démontrant l'identité de l'organisation politique des municipes extra-italiques et des municipes italiques (1). Les citoyens romains ont donc l'immunité relativement à leurs biens fonds, et l'impôt foncier ne les atteint qu'autant qu'ils entrent dans les sociétés qui afferment des parties de l'*ager publicus* proprement dit, c'est-à-dire de celui que l'État, au lieu de l'aliéner sous une forme quelconque, exploite lui-même par l'intermédiaire des publicains, ou encore s'ils sont possesseurs de portions de l'*ager provincialis* sur le sol des cités n'ayant pas reçu soit l'immunité, soit le *jus italicum*. Mais ils paient les *portoria*, qui, supprimés en Italie l'an 60 avant notre ère, y ont été rétablis par Jules César pour les marchandises étrangères ; la *centesima rerum venalium*, impôt sur les ventes à l'encan,

(1) Voir Willems, *Droit public romain*, p. 518.

qui date de la fin des guerres civiles ; le *solarium*, ou impôt sur les constructions élevées dans les *loca publica* ; la *vicesima manumissionum*, c'est-à-dire l'impôt du vingtième de la valeur des esclaves affranchis. Ce vingtième était à la charge du *manumissus*, à moins que le *manumissor* ne voulût en joindre le don à celui de la liberté, qui s'appelait alors *gratuita libertas*. Les affranchissements qui ne donnaient que la liberté de fait, susceptible d'être révoquée, et non la liberté de droit, c'est-à-dire, sous la République, tous ceux qui avaient été opérés sans les formes solennelles, et, sous l'Empire, tous ceux qui conféraient la liberté sans le droit de cité, étaient exempts de cette contribution : ainsi, l'affranchissement par un pérégrin ne donnait pas lieu à la perception du vingtième, parce qu'il ne produisait pas un citoyen romain. Le sel, dont la vente fut réservée à l'Etat, sinon toujours, comme on le croit généralement, du moins quelque temps, était un impôt qui atteignait à la fois les citoyens et les non-citoyens. Enfin, il faut compter parmi les sources des revenus de l'Etat, le *tributum* spécial imposé aux citoyens qui étaient relégués parmi les *aerarii* et le *tributum*, payé par les *orbi* et par les *viduæ*, pour l'*aes hordearium* des *equites equo publico*.

§ 9. — Perception des revenus de l'État

La perception des impôts, tant que dura la république romaine, n'eut jamais lieu directement. Comme les grands travaux publics et la fourniture des armées et des flottes, elle était concédée par les censeurs à des compagnies qui affermaient les dîmes, les redevances en argent ou en nature, les *portoria*, les terres du domaine public, les mines et les salines de telle ou telle région, en un mot toutes les sources des revenus de l'État, moyennant une somme fixe (1). Les compagnies, dont l'organisation comprenait un nombreux personnel d'actionnaires et d'agents, étaient représentées aux adjudications par leur directeur (*magister*), qui enchérissait en levant la main ; c'est de là que vient, suivant Festus, le nom de *manceps* donné au fermier principal : « manceps dicitur qui quid a populo Romano « emit conducitve quia, manu sublata, significat « se auctorem emptionis esse. » L'adjudicataire devait fournir une caution, et celui qui répondait pour lui s'appelait *praes* (2). Les spéculations

(1) Voir tome I, p. 141.

(2) Præs est is qui populo se obligat, interrogatusque a magistratu si præs sit, ille respondet : præs, dit Festus. Suivant le même auteur, le terme *præs* s'emploie aussi pour désigner le *manceps*, parce que l'un et l'autre sont également engagés devant l'Etat : Manceps dicitur qui

auxquelles donnait lieu l'exploitation des revenus publics, firent naître de vastes sociétés dans lesquelles beaucoup de Romains notables étaient intéressés. Si en effet les sénateurs ne pouvaient pas s'engager ostensiblement dans ces compagnies, ils y plaçaient cependant leurs càpitaux, ils intervenaient dans toutes les opérations en y faisant entrer leurs créatures ou en se dissimulant derrière des prête-noms, et les chevaliers, qui s'en étaient fait réserver la direction, absorbèrent bientôt toute l'activité industrielle, commerciale et financière de l'État. C'est ainsi que l'ordre équestre conquit avec la fortune cette importance politique que donne toujours dans une société, la puissance de l'argent.

En effet le gouvernement romain ne pouvait pas se passer du concours des publicains ; seules leurs compagnies étaient en mesure de se charger des grandes entreprises qu'il mettait en adjudication. Dès le temps de Polybe, ces grands financiers tenaient sous leur influence les plus hauts personnages, dont ils faisaient fructifier les capitaux ; et les gouverneurs de provinces les mieux intentionnés étaient obligés de les ménager, non-seulement par intérêt, mais même, en un certain sens, par devoir. Tandis que chez

quid a populo emit conducitve ; qui idem præs dicitur, qui tam debet præstare populo quam is qui pro eo præs factus.

nous l'impôt représente en quelque sorte une cotisation due, en raison de ses moyens, par chacun des individus qui participent aux avantages que l'organisation sociale assure à tous ses membres, chez les Romains l'impôt assis, pour sa majeure partie, sur les non-citoyens, qui, comme nous venons de le voir, étaient, pendant la période républicaine, chargés sans proportion avec les citoyens, était considéré, relativement aux sujets de Rome, comme une contribution de guerre payée au vainqueur par le vaincu. Aussi le magistrat regardait-il comme un devoir de servir l'État en facilitant les opérations de ceux qui prenaient la tâche de percevoir les revenus par lesquels il subsistait, et, s'il protégeait les sujets de Rome et leurs biens, c'est qu'ils étaient la fortune de la République. Cependant ces vues égoïstes du patriotisme romain, longtemps étroit et exclusif, furent amendées, chez les hommes que polissait la culture grecque, par les idées philanthropiques que la philosophie stoïcienne a l'honneur d'avoir répandues la première, avant que le christianisme en assurât le triomphe. On peut relever dans les ouvrages de Cicéron de nombreux passages qui prouvent qu'à ses yeux tous les hommes, surtout les Grecs, ont droit à être bien traités, non-seulement à cause de l'intérêt de Rome, mais pour eux-mêmes. Ces Romains éclairés sentaient que, comme le proclamera Horace, c'était la Grèce qui leur avait apporté la civilisation ; si, devenue incapable de se gouverner elle-même, elle était tombée entre leurs mains, ils lui devaient par reconnaissance, outre la justice qui s'impose à tous les hommes envers leurs semblables, une protection bienveillante. Citons à ce sujet quelques phrases de la belle lettre de Cicéron à son frère Quintus. Nous y verrons la preuve que, s'il a défendu l'oligarchie aristocratique et financière du dernier siècle de la République, cruellement oppressive pour les provinces dont le sort a été certainement amélioré par l'administration impériale, il était du moins par ses idées et par son caractère, au-dessus des vues qui ont amené la ruine de son parti. « Si le « sort, écrit-il à son frère, avait placé sous vos « lois les nations barbares et farouches de « l'Afrique, de l'Espagne ou des Gaules, l'humanité vous ferait encore un devoir de travailler « à leur bonheur et de vous dévouer à leur conservation ; mais lorsque nous commandons à « des peuples civilisés, que dis-je ? à des peuples « auxquels on attribue la gloire d'avoir civilisé « le monde, avec quel empressement ne devons-« nous pas leur rendre ce que nous tenons d'eux ? « Oui, je l'avouerai sans honte, surtout vivant « comme je fais et après des actions qui éloi-« gnent de mon caractère tout soupçon de fai-« blesse et de légèreté, je l'avouerai, dis-je, si « j'ai acquis quelque gloire, je la dois aux con-

« naissances et aux principes que j'ai puisés « dans les sciences de la Grèce et dans les mo- « numents de son génie. A ce titre, indépen- « damment de la justice commune que nous « devons à tous les hommes, il en est une parti- « culière que cette nation célèbre paraît attendre « de nous : c'est que formés par ses leçons, « nous fassions servir à sa félicité ces lumières « dont elle-même a éclairé nos esprits (1). »

Les gouverneurs de provinces, avons-dit, ménageaient les publicains comme les intermédiaires nécessaires par lesquels passaient les revenus de l'État. Ils les ménageaient encore, dans un but personnel, parce qu'ils étaient les membres d'un parti puissant, dont tous les membres étaient unis par cette étroite solidarité que crée la communauté des intérêts pécuniaires, plus forte que tout autre lien dans les temps corrompus. Cicéron, quelque animé qu'il soit du désir de faire régner la justice dans l'administration provinciale, ne manque pas d'avertir son frère qu'il ne faut point les heurter de front : concilier les intérêts opposés des publicains et des provinciaux, tel est le problème qui se pose à tout gouverneur éclairé, et dont il ne doit négliger ni l'un ni l'autre terme (2). Plus d'une

(1) *Ad. q. fratrem*, I, 1.

(2) ... Atque huic tuæ voluntati ac diligentiæ difficultatem magnam afferunt publicani. Quibus si adversamur, ordinem de nobis optime meritum et per nos cum repu-

fois, dans sa correspondance, il recommanda aux magistrats provinciaux auprès desquels sa haute situation lui donnait de l'influence telle ou telle compagnie de spéculateurs, dans laquelle étaient engagés les fonds de ses amis (1). Pendant qu'il est en Cilicie, il reçoit de son côté les mêmes recommandations; on lui demande des places de tribun ou de préfet, et il a le courage de refuser à Brutus une préfecture pour ce même Scaptius qui, sous le gouvernement de son prédécesseur, à la tête d'une troupe de cavalerie, avait si étroitement bloqué le Sénat de Salamine que cinq sénateurs étaient morts de faim.

Si les provinciaux, soutenus par le gouverneur, osaient résister aux fermiers de l'État et repousser des exigences illégales, que les tribunaux compétents fûssent composés des chevaliers ou des sénateurs, ils ne trouvaient dans les juges que des complices avoués ou occultes de leurs persécuteurs : on sait comment Rutilius, l'intègre lieutenant de Scævola, en Asie, poursuivi sous prétexte de concussion, par ceux mêmes dont il avait réprimé les brigandages,

blica conjunctum et a nobis, et a republica disjungemus. Sin autem omnibus in rebus obsequemur, funditus eos perire patiemur quorum non modo saluti sed etiam commodis consulere debemus. (*Id.*, *ibid.*)

(1) Voir par exemple, *ad Fam.*, XIII, 9.

subit une condamnation scandaleuse dont le souvenir inspire à Cicéron des accents d'une éloquente indignation. Après que la *lex Cornelia judiciaria* eut rendu aux sénateurs les jurys d'où les avait exclus le second des Gracques, on put croire, il est vrai, que la noblesse, relevée par Sylla, aimerait à faire sentir aux hommes d'argent le poids de son autorité; mais on vit bientôt que les deux ordres s'entendaient pour maintenir, au mépris de la justice, des abus qui les enrichissaient également : les sénateurs avaient aliéné leur indépendance à partir de l'époque où ils prirent l'habitude de verser leurs fonds dans les caisses des trafiquants qui les faisaient fructifier. Après Sylla comme avant, l'impunité fut la règle, la répression demeura une rare exception : Verrès aurait certainement échappé s'il n'avait pas eu, outre le tort d'opérer avec un sans-gêne maladroit, sur un théâtre trop voisin de Rome, la mauvaise chance de rencontrer un accusateur comme Cicéron.

La multiplicité des lois, quelle que fût la composition des tribunaux, ne pouvait pas protéger efficacement les provinciaux contre l'avidité d'une société dont les membres les plus éminents étaient intéressés à les exploiter. « En vérité, « dit publiquement Cicéron, je crois que les « nations étrangères enverront bientôt des dépu- « tations au peuple romain pour le prier et le « supplier d'abolir les lois et les jugements

« contre les concussions. En effet, sans les tri- « bunaux, chacun se contenterait de voler ce « qu'il croirait suffisant pour lui et ses enfants, « tandis qu'avec de pareils tribunaux chacun « emporte de quoi satisfaire lui, ses patrons, « ses avocats, le préteur et ses juges » (1).

Nous avons vu que les fermiers publics avaient le droit de compter sur le concours du gouverneur et de ses officiers pour seconder leurs opérations relatives à la perception de l'impôt : Cicéron nous montre Verrès voyageant en Sicile, dans la saison la plus chaude, pour assister à la collection des dîmes, et s'il rapporte ce fait, ce n'est pas comme un grief contre lui, tandis qu'il reproche à Gabinius, ancien proconsul de Syrie, de n'avoir pas fait justice aux fermiers du domaine, d'avoir rompu les traités conclus par eux avec les cités, supprimé les moyens de contrainte, affranchi certains peuples des impôts et des tributs, défendu aux collecteurs et à leurs esclaves de se trouver dans une ville toutes les fois qu'il y serait. (2). Or c'étaient les abus de la perception qui rendaient les charges insupportables. Les *vectigalia*, comme nous l'avons dit, impliquaient, suivant Varron, l'idée que ces redevances devaient être transportées au lieu fixé par le percepteur. Le magistrat pouvait donc

(1) Cic., *in Verr.*, I, 14.
(2) Cic., *de prov. cons.*, 5; Person, p. 283.

exiger qu'on lui livrât le blé auquel il avait droit sur un point éloigné du lieu de la récolte. Pour échapper à des transports qui grossissaient ses charges, le contribuable n'avait pas d'autre ressource que de transiger, avec le gouverneur, s'il s'agissait des redevances qui lui étaient dûes personnellement, avec les publicains, s'il s'agissait de celles qui étaient perçues au profit de l'Etat. Les règlements portaient que les grains devaient rester sur l'aire tant que la dîme n'aurait pas été perçue : en refusant ou en différant d'accepter la livraison, sous prétexte de la qualité, dont ils étaient juges, les percepteurs lassaient la patience du contribuable, qui, voyant le mauvais temps approcher et menacé de perdre sa récolte, ou encore poussé par un avis du gouverneur qui le sommait de s'acquitter, n'avait pas d'autre moyen, pour sortir d'embarras, que de se résigner à une transaction qui grossissait les bénéfices des fermiers de l'impôt. Le discours de Cicéron *de re frumentaria* est plein de révélations sur les exactions auxquelles la dîme donnait lieu, et, d'après lui, le mal n'est pas particulier à la Sicile, ni à ce genre d'impôt : « Lugent omnes provinciæ, queruntur omnes « liberi populi; regna denique jam omnia de « nostris cupidatibus expostulant. ». (1). « Par« tout où pénètre le publicain, lisons-nous aussi

(1) Cic., *in Verr. de re frument,* 89

« dans Tite-Live, les lois sont sans effet, il n'y « a plus de liberté. » (1).

Pour échapper à ce fléau, les villes rachetaient les charges dont elles étaient grevées au moyen de traités (pactiones) avec les fermiers de l'État, qui leur concédaient ainsi le privilège de faire répartir et percevoir par leurs agents municipaux, les redevances en nature ou en argent auxquelles elles étaient taxées. Malgré l'élévation des prix que la concurrence faisait atteindre aux adjudications et les gratifications qu'il fallait, en outre, donner aux adjudicataires pour traiter avec eux, ce rachat (redemptio tributorum), était favorable aux cités qui reprenaient ainsi la libre disposition de leurs propres ressources; Cicéron se félicite, dans une lettre à Atticus (2), que les villes de sa province aient fait partout avec les fermiers de l'État des traités qui faciliteront sa tâche, c'est-à-dire qui lui permettront de ménager à la fois les sujets de Rome et les publicains, dont le concours était nécessaires à ses vues politiques. (3.)

D. D.

(1) Tite-Live, XLV, 18.
(2) Cic., *ad Att.*, V, 13.
(3) Voir la table et l'index à la fin du tome III.

(FIN DU SECOND VOLUME)

AMPÈRE (J.-J.)

Histoire littéraire de la France avant et sous Charlemagne. Nouv. édit. 3 vol. in-8 .... 22 fr. 50

— LE MÊME OUVRAGE. 3 vol. in-12 .... 10 fr. 50

Formation de la langue française. Complément de l'*Histoire littéraire*. Nouvelle édition, revue et corrigée. 1 vol. in-8 .... 7 fr. 50

— LE MÊME. 1 vol. in-12 .... 4 fr.

Philosophie des deux Ampère, publiée par M. J. BARTHÉLEMY SAINT-HILAIRE. 1 vol in-8 .... 7 fr. 50

— LE MÊME. 1 vol. in-12 .... 3 fr. 50

La Grèce, Rome et Dante. 6e édition. 1 v. in-8 .... 7 fr. 50

— LE MÊME. 1 vol. in-12 .... 3 fr. 50

La Science et les Lettres en Orient. 1 vol. in-8 .... 7 fr. 50

— LE MÊME. 1 vol. in-12 .... 3 fr. 50

Heures de Poésie. 1 vol. in-12 .... 3 fr. 50

VILLEMARQUÉ (H. DE LA)

Barzaz Breiz. *Chants populaires de la Bretagne*, recueillis et annotés avec musique. 1 vol. in-8 .... 7 fr. 50

— LE MÊME. 1 vol. in-12 .... 5 fr.

Le grand Mystère de Jésus. Drame breton du moyen âge, avec une Étude sur le théâtre chez les nations celtiques. 1 vol. in-8 .... 7 fr. 50

— LE MÊME. 1 vol. in-12 .... 3 fr. 50

La Légende celtique et la poésie des cloîtres, etc. 1 vol. in-8 .... 6 fr.

— LE MÊME. 1 vol. in-12 .... 3 fr. 50

[illegible] de l'Enchanteur Merlin. Son [illegible] 1 vol. [illegible] .... 3 fr. 50

BEULÉ

Fouilles et Découvertes. 2e édition. 2 vol. [illegible]

Histoire de l'Art [illegible] avant Périclès. 2e édit. 1 vol. [illegible]

Phidias. [illegible] 2e édition. 1 vol. [illegible]

[illegible] 2e édit. 1 vol. [illegible]

BLAZE DE BURY (H.)

Les femmes et la société au temps d'Auguste. [illegible] .... 6 fr.

[illegible] 1 vol. .... 3 fr.

Tableaux romantiques de littérature et d'art. 1 vol. [illegible]

BADER (CLARISSE)

La Femme dans l'Inde antique. (*Ouvrage couronné par l'Académie française.*) 1 vol. in-8 [illegible]

[illegible] Étude de la vie antique. 1 vol. in-8 [illegible]

— LE MÊME. 1 vol. in-12 .... 3 fr.

La Femme [illegible] 2e édit. 1 vol. in-12 [illegible]

La Femme [illegible] (*Ouvr. couronné par l'Académie française*) [illegible]

2e édition. 2 vol. [illegible]

www.ingramcontent.com/pod-product-compliance
Ingram Content Group UK Ltd.
Pitfield, Milton Keynes, MK11 3LW, UK
UKHW022050260726
13993UKWH00001B/18